vagabond : VENEDIG – VENICE

BERND RUECKER

EINDRÜCKE AUS VENEDIG – IMPRESSIONS OF VENICE

VORWORT

FOREWORD

Venedig verzaubert. Schon die Überfahrt im Vaporetto lässt die Normalität entrücken. Die Lagunenstadt empfängt mit unwirklicher Schönheit, die eine neue Welt für den Sehenden bereit hält, in- und vor allem abseits der Touristenströme.

Ich danke meiner Frau Ellen, für ihre Kraft und immer währende Motivation. Mein besonderer Dank gilt meinen Eltern, die stets an mich glauben, mir vertrauen und mir damit den nötigen Mut gaben, vagabond books ins Leben zu rufen. Danke meinen treuen Freunden Olaf und Hannes – als Begründer meiner Reiselust – und Matthias, die meine Bilder immer sehr schätzten.

Die Personen der Geschichte sind frei erfunden. Mögliche Übereinstimmungen mit existierenden Personen sind rein zufällig und nicht beabsichtigt.

Venice is spellbinding. As soon as you climb aboard the vaporetto, any sense of normality vanishes. Built on a lagoon, the city welcomes the visitor with its unreal beauty – a whole new world to explore both on and off the beaten track.

I thank my wife Ellen for her energy and constant motivation. My special thanks go to my parents, who have always believed and had faith in me, and thus gave me the courage to found Vagabond Books. Thanks also to my faithful friends Olaf and Hannes (from whom I caught the travel bug) and Matthias, who have always appreciated my photographs greatly.

The characters appearing in this story are fictitious. Any possible resemblance to real people is purely coincidental and unintentional.

VENEDIG – VENICE

INHALT
INDEX

ABSEITS DER WEGE

OFF THE BEATEN TRACK

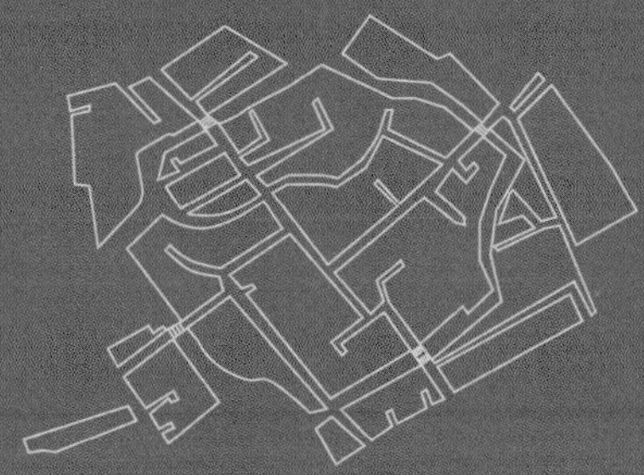

Schritte im Dunkeln

FOOTSTEPS IN THE DARK

Der Portier schloss die Türe hinter sich und liess Robert in dem kleinen Zimmer des familiengeführten Hotels zurück. Robert blickte sich im Zimmer um. Es schien auf den ersten Blick ordentlich zu sein. Die Betten waren frisch bezogen, ein Bonbon lag auf jedem Kopfkissen des Doppelbettes.

The night porter closed the door behind him and left Robert in the small room of the family-run hotel. Robert looked around. At first glance, everything seemed to be in order: the double bed was freshly made, and a sweet lay on each pillow.

Robert war allein: keine Bürokollegen hasteten vorüber, keine Menschen drängten sich in der U-Bahn, kein Fluggast saß neben ihm, kein Gedränge im Wasserbus. Nur das leise Rascheln seiner atmungsaktiven Outdoorjake war zu hören. Die plötzliche Stille wirkte befremdlich.

Bevor er sich im Zimmer bewegte, zog er seine Trekking-Schuhe aus, steckte die Schnürsenkel nach innen und stellte sie parallel unter das kleine Tischchen neben dem Eingang. Prüfend ließ er seinen Blick durch den Raum wandern. Der Wecker auf dem Nachttischchen zeigte 23:47 Uhr. Robert sah auf seine Armbanduhr, presste seine Lippen zu einem schmalen Spalt zusammen und hob eine Augenbraue, als er eine Differenz von zwei Minuten feststellte. Das Zimmer bot gerade soviel Platz, dass er gut um das Bett herumgehen konnte. Er kniete sich neben den Wecker und korrigierte die Zeit. Mit Genugtuung nahm der den Wechsel der Minutenanzeige zur Kenntnis, die sich nun mit der genauen Zeit seiner Armbanduhr deckte.

Bei dieser Gelegenheit überprüfte er die Nachttischlampe auf ihre Funktion und testete, ob der Lichtschalter am Betthaupt für die Deckenlampe seinen Dienst erfüllte. Zufrieden ging er ins Badezimmer. Die Handtücher lagen ordentlich gefaltet bereit, jeweils drei Päckchen Duschgel und Shampoo waren auf der Ablage über dem Waschbecken platziert. Die Knöpfe der Armaturen waren nicht farblich, sondern mit Buchstaben gekennzeichnet. C für Cold? schoss es ihm durch den Kopf. Was sollte dann F bedeuten? Es missfiel ihm, dass er der italienischen Sprache nicht einmal für die einfachsten Dinge mächtig war, und fühlte ein leises Unbehagen über die Unfähigkeit, die gegebene Information zu entschlüsseln. „Try and Error" hörte er sein Unterbewusstsein automatisch die Lösung des Problems vorschlagen. Er drehte also an den Armaturen, bis er ein angenehm temperiertes Mischverhältnis eingestellt hatte, das mit dem gewünscht mäßigen Druck über seine Hände lief. Er fuhr sich mit der feuchten Hand durch die kurzen, blonden Haare und betrachtete sein glattrasiertes, schlankes Gesicht mit den blauen Augen im Spiegel.

Als er zurück in das Zimmer trat, missfiel ihm der Hartschalenkoffer, der noch immer unberührt mitten im Raum stand. Robert ging zum Schrank, überprüfte kurz, ob dieser staubfrei war, öffnete seinen Koffer und sortierte sechs feinkarierte

He was alone. No colleagues rushing around the office, no hordes pressing into the underground, no airport loudspeakers paging missing passengers, no seat neighbours at his elbow, no standing-room crowd jostling on a water-bus. The only sound was the soft rustle of his breathable outdoor jacket. The sudden silence created an eerie atmosphere.

Before taking a step in the room, Robert took off his trekking shoes, tucked the laces inside them, and placed them side by side under the little table next to the door. Then he let his gaze wander to examine the room. The alarm clock on the bedside table showed 11:47. Looking at his wristwatch, he pressed his lips together and raised one eyebrow at the discrepancy of two minutes. The room was just big enough to let him walk around the bed. He knelt beside the alarm clock and adjusted the time, being gratified as the minutes display changed, now in conformity with his watch. He took the opportunity to test whether the bedside lamp worked, and whether the switch beside the headboard turned the ceiling lamp off and on. Satisfied with the results, he went into the bathroom.

The hand towels were crisply folded; three packages of shower gel and three of shampoo stood on the shelf above the sink. The faucet handles were labelled, not with colours, but with letters. C for Cold, he thought. Then what did F mean? He was displeased that he didn't know enough Italian even for the simplest things, and felt slightly uneasy about his inability to decipher the information. In the same moment, his subconscious sent him a solution: "Try and error." He turned the handles until the water flowed with the desired temperature and pressure over his hands, ran a damp hand through his short blond hair and looked at his clean-shaven, lean, blue-eyed face in the mirror.

As he stepped back into the room, the hard-shell suitcase that still stood in the middle of the room irritated him. He went to the wardrobe, inspected briefly whether it was clean, opened his suitcase and hung six fine-checked shirts, different only in their shades, on the hangers, which he arranged at regular intervals on the rod. Afterward, he stowed the six white T-shirts and the other things in orderly stacks in the drawers and shelves, closed the wardrobe, and found to his great satisfaction that the empty suitcase fit exactly in the space under the wardrobe.

Freshly showered, Robert lay on the right side of the double bed and turned on

Hemden, die sich nur in Farbnuancen unterschieden, auf die Bügel und hängte sie in regelmäßigem Abstand an die Kleiderstange. Die sechs weißen T-Shirts und die restlichen Sachen verstaute er ordentlich gefaltet in den Schubladen und Einlegeböden, schloss den Schrank und war sehr zufrieden mit der Tatsache, dass sich der leere Koffer exakt in den Freiraum unter den Schrank schieben ließ.

Frisch geduscht lag er nun auf der rechten Seite des Doppelbetts und drehte sich zur Seite, um sich von der leeren Hälfte des Bettes abzuwenden. Die kleine Nachttischlampe beleuchtete den Raum mit fahlem Licht. Er versuchte Schlaf zu finden, doch immer wieder öffnete er die Augen und ließ seinen Blick zu seinem Mobiltelefon wandern, dass parallel ausgerichtet zur Kante des Nachtkästchens lag. Schließlich setzte er sich auf und begann, die Kontaktliste seines Telefons durchzublättern. Sein Daumen schwebte über dem Knopf mit dem grünen Telefonhörer. Er zögerte, verharrte, wartete auf den Gedanken, der die Entscheidung den Knopf zu betätigen rechtfertigen würde. Sein Daumen zuckte, während Minuten zu vergehen schienen, bis er schließlich einem irrationalen Impuls folgend die Wahltaste drückte. Es klingelte. Robert zählte acht Klingeltöne. Er spürte wie sein Herz, unrhythmisch zur Frequenz des Piepens, Blut in seine Schläfen pumpte, bis die Stimme am anderen Ende der Leitung erklang: „Der angerufene Teilnehmer ist derzeit nicht erreichbar". Schnell legte er auf. Er ärgerte sich einer Intuition gefolgt zu sein. Was sollte das? Dass er nur die automatische Ansage erreicht hatte, war ein schwacher Trost aber keine Entschuldigung für sein Handeln. Doch jetzt war es unumkehrbar: sein fehlgeschlagener Anrufversuch würde von der Telefongesellschaft übermittelt werden...

Die Anzeige des Weckers zeige 4:27 als Robert nach langem, unruhigen Hin- und Herwälzen endgültig die Augen aufschlug. Er stand auf, nahm seine ordentlich zusammengelegte Kleidung vom Stuhl, zog sich an und wusch sein Gesicht mit kaltem Wasser. Er musste raus an die frische Luft.

Bevor Robert die Zimmertür von außen zuzog, versicherte er sich, dass er den Schlüssel dabei hatte und überprüfte noch einmal, ob er Mobiltelefon und Geldbeutel im Rucksack verstaut hatte. Dann stieg er die knarrenden Stufen der mit Teppich ausgelegten Holztreppe hinab in die kleine Vorhalle. Der Nachtportier sah ihn ein wenig verwundert an, grüßte dann aber freundlich, soweit es seinem

his side, away from the empty half of the bed. The lamp on the bedside table lit the room with a pale light. He tried to sleep, but his eyes kept opening and wandering over to his mobile phone, which lay parallel with the edge of the nightstand. Finally, he sat up and began browsing through the phone's address book. His thumb hovered over the button with the green handset symbol. He hesitated, waiting for the thought that would rationalize his urge to dial. His thumb twitched, and minutes seemed to pass before he pushed the button, following an irrational impulse. Ringing. Robert counted eight rings. He felt his heart pumping blood to his temples, in rhythm completely at odds with that of the phone's humming, until a voice in the telephone was heard: "The person you are calling is temporarily unavailable." He quickly hung up, angry at his irrational behaviour. The recorded message reassured him somewhat, but did not justify the call. However, it could not be undone: the telephone network would report it.

The alarm clock showed 4:27 when, after tossing back and forth for some time, Robert finally opened his eyes. He got out of bed, took his carefully folded clothes from the chair, dressed, and washed his face with cold water. He needed to get out in the fresh air.

Before pulling the door shut after him, he checked to make sure he had his key, and had put his mobile phone and his wallet in his daypack. He went down the carpeted but creaking stairs to the small lobby. The night porter looked at him with some surprise, and gave what seemed to be a friendly greeting. Robert handed over his key, quickly took a card with the hotel's address from the basket on the counter, and stepped out into the Venetian fog.

Damp, somewhat mildew-smelling air filled his lungs. It was cold, but the cool air felt good. He remembered that he had come from the right a few hours before. To be sure of his way, though, he took out his mobile phone. The display lit up, looking incongruous in the dark alley, and blinded him at first. He dimmed it to a more pleasant brightness before activating the GPS function and verifying his suspicion that he was not far from St. Mark's Square. Then he hurried across a square and down a dark alley toward a quay, his eyes glued to the ground, only occasionally glancing up furtively.

Gesichtsausdruck zu entnehmen war. Robert übergab den Schlüssel, nahm noch rasch ein Kärtchen mit der Hoteladresse aus dem Körbchen auf dem Tresen, und trat hinaus in den Morgennebel Venedigs.

Feuchte Luft, die etwas modrig schmeckte, drang in seine Lungen. Es war kalt, doch die kühle Luft tat gut. Er erinnerte sich, dass er vorhin von rechts gekommen war, doch nur um sicher zu gehen, zog er sein Mobiltelefon heraus. Der aufflackernde Bildschirm wirkte fremdartig störend in der dunklen Gasse und blendete ihn im ersten Moment. Er dimmte die Helligkeit des Bildschirms auf eine angenehme Leuchtkraft, bevor er die Navigationsfunktion aktivierte und seine Annahme überprüfte, nur unweit des Piazza di San Marco zu sein. Eilig hastete er, den Blick starr auf den Boden gerichtet, nur ab und zu verstohlen aufsehend, den kurzen Weg über den Platz, die dunkle Gasse hinab zum Ufer. Er betrat die Planken der Anlegestelle San Zaccaria, die er von seiner Ankunft her schon kannte, und die ihm ein wenig Vertrautheit zusicherte. Wohl wegen der vor ihm liegenden Weite nach der kurzen, beengenden Gasse hielt er inne. Er nahm die Tautropfen an den Stahlgeländern zu seiner rechten nicht wahr, die das Licht der im Nebel liegenden Straßenlaternen einfingen, es bündelten und konzentriert wiedergaben, wie ein funkelnder Sternenhimmel hinter den langen Schatten des Geländers auf den Holzbohlen. Er bemerkte nicht den unwirklich wirkenden Wald aus nackten Holzpfählen, die meterhoch aus dem Wasser in den Nebel ragten und sich am Ufer entlang zogen. Er sah die schwarzen Gondeln nicht, die vom Nebel fast unkenntlich gemacht worden waren, und dumpfe Geräusche von sich gaben, wenn plätschernde Wellen sie gegen die Pfosten trieben.

Robert schirmte die umliegenden Eindrücke von sich ab, indem er starr auf die Lichter des gegenüberliegenden Ufers von Giudecca sah. Sie schimmmerten zaghaft durch den Dunst, unter dem der breite Canale di San Marco hervorkroch. Die Hände tief in den Taschen seiner Jacke vergraben, die Schultern hochgezogen und die Ellenbogen an den Körper gepresst, drehte er sich um und marschierte los, seiner Planung folgend, den Blick auf die Straße gerichtet. Kein Mensch war zu sehen. Mit schnellem Schritt hastete er über die nassen Pflastersteine der breiten Mole und die vier Brücken, die ihn von seinem Ziel trennten. Dabei zählte er 36 Stufen, 18 aufwärts und 18 abwärts, bevor er am Palazzo Ducale vorbeieilte, um dessen Ecke bog und die Piazza di San Marco sich vor ihm ausbreitete. Die

He trod the planking of the St. Zachary dock where he had arrived the day before, already feeling somewhat familiar. He stopped, no doubt because of the broad space before him after the cramped alleys he had left behind him. Yet he didn't notice the dew on the steel railing that caught the light from the street lamps in the fog and concentrated it, transforming the long shadows on the boardwalk into a sparkling starry sky. Nor did he notice the surreal forest of bare wooden pilings that rose out of the water in the fog, nor the hardly discernible black gondolas making dull noises as splashing waves pushed them against the pilings. He didn't see any of this because he refused to look around him, staring at the lights on the island of Giudecca, which shone unsteadily through the fog that hung over the broad Canale di San Marco.

His hands buried deep in the pockets of his jacket, his shoulders hunched and his elbows pressed to his sides, Robert turned around and marched off, looking at his feet and following his plans. No one around. He hurried over the wet cobblestones of the quay, crossed four bridges on which he counted thirty-six stairsteps (eighteen up and eighteen down), turned at the corner of the Doge's Palace and arrived on the wide, empty St. Mark's Square. In his haste, he failed to notice the two mighty columns, known the world over, that marked the entrance of the square, one crowned with a winged lion, the other with St. Theodore slaying the dragon.

But most importantly, he had reached his goal, and stopped. Five-armed street lamps scattered their light over the square, and the reflections on the wet pavement doubled their brightness. There was no newspaper boy to be seen, no baker's apprentice delivering goods, no drunken night owl left behind by his fellows leaning against one of the countless columns of the arcades. Except for Robert's silhouette, insignificant among the imposing buildings, the square was deserted. He looked down at his watch, pressed a button, and read the digital display: five-twelve and sixteen, seventeen, eighteen seconds. Without raising his head, he looked forward and walked to the opposite side of the square, where he stopped again and turned around. The overpowering architectural beauty of the site was lost on him as he counted the arches in front of him, without knowing that he was looking at the Doge's Palace. He didn't notice the cones of light that drilled skyward through the morning fog until they broke on the buildings, nor the splendid

beiden weltbekannten, mächtigen Säulen, eine gekrönt mit einem geflügelten Löwen, die andere vom heiligen Theodorus, mit einem Drachen kämpfend, hatte er in seiner Eile nicht bemerkt, obwohl er die ganze Strecke darauf zugelaufen war.

Schon hatte Robert sein selbstgestecktes Ziel erreicht und blieb stehen. Fünfarmige Straßenlaternen streuten ihr Licht über den Platz und ihre Spiegelungen auf dem nassen Boden verdoppelten ihre Leuchtkraft. Kein Zeitungsbote, kein Bäckerlehrling der Backwaren auslieferte, kein betrunkener Nachtschwärmer, der von seinen Kameraden abgesprengt wurde und betrunken an einer der zahllosen Säulen gelehnt seiner Müdigkeit erlag, war zu sehen. Bis auf Roberts verloren wirkende Silhouette zwischen den imposanten Bauwerken war der Platz menschenleer. Robert sah auf seine Uhr, drückte auf einen seitlichen Knopf und las im diffusen Lichtschein die Digitalanzeige. Es war fünf Uhr und zwölf Minuten, sechzehn, siebzehn, achtzehn Sekunden. Ohne den Kopf zu heben sah er nach vorne und lenkte seine Schritte zur gegenüberliegenden Seite des Platzes, wo er abermals stehen blieb und sich umdrehte, ohne den Kopf zu bewegen. Die überwältigenden Eindrücke blieben ihm verwehrt, während er damit beschäftigt war, die Arkaden im Erdgeschoss des Dogenpalastes zu zählen, ohne überhaupt zu wissen, dass dies der Dogenpalast war. Ihm entgingen die Lichterkegel, die sich durch den Morgennebel in den Himmel fraßen, um schließlich von den Fassaden der Bauwerke, die sie beleuchteten, abrupt gebremst zu werden. Ebenso wenig bemerkte er das schwach erkennbare Rautenmuster, welches die prunkvolle Außenhaut des Dogenpalastes optisch aufbrach. Er sah nicht die Silhouetten des Dachfirstes, deren Scharten wie Messer in das Blaugrau der Nacht stachen und auch nicht die Form der Vierpässe über den Spitzbögen, die an das Kreuzsymbol auf Spielkarten erinnerten. Robert überhörte die Stille des Platzes und roch nicht die leicht faulig-feuchte Luft, welche die gespenstische Anmutung ergänzte.

Sehr wohl aber nahm er die exakte Anordnung der Säulenreihen vor den Gebäuden, die Reihe der kreuzförmigen Ornamente, die Symmetrie der aufgestellten Straßenlaternen und die labyrinthartigen Muster auf dem Boden wahr, die irgendetwas zu markieren schienen, was tagsüber einer Kennzeichnung bedurfte. Etwa Standflächen für Marktstände oder Aufstellvorgaben für Geländer, welche die Warteschlangen leiten sollten.

texture of the palace's façade, with a barely visible pattern of lozenges, triangular ornaments above the cornice stabbing upward against the blue-grey sky, and quatrefoil openings above the arcades of the first floor, recalling the clubs in playing cards. Robert likewise ignored the silence and the slightly stagnant damp air that complemented the square's ghostly atmosphere.

But he certainly did note the arrangement of the colonnades, the symmetry of the lampposts, and the labyrinthine pattern on the ground, which seemed to indicate something that would be placed there during the day: market stalls, perhaps, or barriers to guide the queues of tourists.

Breathing calmly, Robert was musing over the pleasing symmetry of the buildings and their orthogonal arrangement when footsteps finally compelled him to look up and around. At some distance, he discerned two figures, but the source of the footsteps must have been closer. He quickly fled into the nearest alley lest he encounter anyone. Under the cover of darkness, he waited for the rhythmic staccato of heels to die away, and decided to head for a new destination. The mere idea of a new goal motivated him and raised his spirits.

He picked the Rialto Bridge, a landmark in the city he had heard of, and walked down the alley. Fishing his mobile phone out of his pocket, he mentally anticipated the GPS commands that would lead him to his new goal. Relying on the technical equipment as usual, he paid no attention to the surroundings as he turned left twice, then right, disappeared into a passageway, and crossed a few small canals, scrolling through the menus all the while. He quickly found the Rialto Bridge in the Landmarks menu, selected it as his destination, and ticked the Walking option.

Suddenly, he realized that satellite reception was by no means possible in this maze of alleys. He stopped with a fright, looked back to the last bridge he had crossed, and tried to remember the path he had just taken to this point. He had no idea from which of the many alleys around him he had just come. In the hope of a clue, he instinctively turned left, retraced his steps and tried a different alley for comparison, but it was no use in the dark. Annoyed at his own carelessness, he resolved to pay conscious attention to his surroundings from now on. He still held his useless mobile in his hand, and was disappointed every half a minute as the display remained unchanged.

Gerade versank er ruhig atmend in der Wonne der Symmetrie und Rechtwinkligkeit der Gebäudeanordnung, der Reihung der Torbögen und den wohlwollenden Abständen der Fassadenverzierungen, als er den Widerhall von Schritten vernahm. Er vergaβ, den Kopf eingezogen zu halten und sah sich schnell in alle Richtungen um. Weit entfernt waren zwei Gestalten zu erkennen, doch die Quelle der Schritte musste näher sein. Schnell flüchtete er zwischen den Fassaden in die nächstgelegene Gasse, bevor er jemandem begegnen würde. Im Schutz der Dunkelheit wartete er ab, bis das rhythmische Staccato der Absätze verklungen war und beschloss dann ein neues Ziel anzusteuern. Der bloβe Gedanke an einen neuen Plan motivierte ihn und er fühlte sich gleich besser. Spontan erkor er die Rialtobrücke aus, von der er schon gehört hatte, wandte sich der Gasse zu und schritt hinein. Darauf konzentriert, sein Mobiltelefon aus der Tasche zu fischen, ging er in Gedanken bereits die Navigationsfunktionen durch, die ihn zur Rialtobrücke bringen sollten. Sich wie gewohnt auf die Technik verlassend beachtete er seine Umgebung nicht, bog ein paar Male links, dann wieder rechts ab, verschwand kurz in einem Durchgang, überquerte ein paar kleine Kanäle während er die Menüführung fortwährend bediente. Die Rialtobrücke war schnell im Sehenswürdigkeiten-Menü gefunden, als Ziel aktiviert und die Routenführung für Fuβgänger eingestellt, als er plötzlich feststellte, dass in diesen schmalen Gassen an ein Satellitensignal nicht im Entferntesten zu denken war. Er blieb erschrocken stehen, sah zur letzten Brücke, die er überquert hatte zurück, und versuchte sich an den Weg zu erinnern, der ihn hierher geführt hatte. Doch er wuβte nicht einmal mehr, aus welcher der vielen, kleinen Gassen er gekommen war. In der Hoffnung, einen Anhaltspunkt zu finden, stieg er über die Stufen der letzten Brücke zurück und bog instinktiv nach links ab, kehrte dann um und nahm eine andere Gasse um, vergleichen zu können. Doch in der Dunkelheit unterschied sich das Gassengewirr nicht voneinander. Verärgert über seine Nachlässigkeit, wollte er versuchen, von nun an seine Umgebung bewusst wahrzunehmen. Wohl aus Gewohnheit behielt er das hier nutzlose Gerät in der Hand, um alle dreiβig Sekunden auf das Display zu blicken und sich ebenso oft enttäuscht wieder abzuwenden.

Thinking that the curve pattern of the wrought iron railing might help him to find his way, he memorized it and was pleased with his success, until he saw a similar pattern on another bridge and realized it was useless. His mind immediately began comparing the next few parapets, trying to find a regular sequence, but he soon decided that the designs were chosen at random. Robert was annoyed that he hadn't learned more about the city before his trip, but the tight deadlines on his software project had left him no time, and he had been counting on Sarah, who had fallen in love with Venice long ago...

At that moment he saw a sign that mercifully swept aside that train of thought, replacing it with a new task: "Per Rialto," he read over the round arch of a passageway. Two arrows below the words pointed in opposite directions. That might

Er versuchte, sich die geschwungene Form eines schmiedeeisernen Geländers einzuprägen und freute sich schon über den vermeintlichen Erfolg, bis er ein paar Brücken später das gleiche oder ein zum Verwechseln ähnliches Geländer vorfand. Sofort begann sein Verstand, die nächsten Balustraden zu vergleichen und versuchte eine rhythmische Abfolge herzustellen, doch die wie zufällig montierten Handläufe folgten keinem feststellbaren System. Robert ärgerte sich, dass er sich vor dieser Reise nicht eingehender mit der Stadt beschäftigt hatte. Doch die Arbeit an dem Softwareprojekt war zu eng terminiert gewesen und hatte ihm keine Zeit gelassen. Er hatte sich auf Sarahs Kenntnisse verlassen. Venedig war immer ihre Lieblingsstadt gewesen...In diesem Moment sah er das Schild, welches gnädig die aufkommenden Gedanken beseitigte und durch eine neue Aufgabe ersetzte: „PER RIALTO" las er über dem rundbogenförmigen Durchgang. Die beiden Pfeile darunter zeigten in zwei entgegengesetzte Richtungen, was jeden normal denkenden Menschen irritiert hätte, doch auf Robert wirkte das Schild beruhigend: sein Ziel war nun auffindbar und egal welchem Weg er folgte, es würden ihn weitere Wegweiser leiten. Nur kurze Zeit später trat er aus einer Gasse auf einen Vorplatz und ging auf die lange Treppe zu, die sich dahinter erhob. Es war bereits heller geworden. Venezianer tauchten aus allen Winkeln auf und stiegen mit ihm gemeinsam die Stufen empor, die Krägen ihrer Mäntel hochgestellt und die Hände schützend in den Taschen vergraben, um sich der Kälte zu erwehren. Die Treppe war mit einstöckigen Gebäuden bebaut, deren Dächer der Schräge folgten und deren Arkaden mit Planken verschlossen waren. Er folgte den Stufen zwischen den Verschlägen hinauf zu den großen Torbögen, welche den Blick in beide Richtugen freigaben, und trat durch den linken an das steinerne Geländer heran, unter dem sich der breite Kanal eröffnete. Lastkähne wurden an dessen Ufer beladen und Boote glitten sanft durch den Nebel. Da erklang überraschend die wohlbekannte, blechern klingende Stimme der Frau, die ihm aus dem Lautsprecher seines Navigationsgerätes, das er noch immer in der Hand hielt, mitteilte: „Sie haben ihr Ziel erreicht!"

have irritated any reasonable person, but Robert found the sign reassuring: whichever way he went, more signs were likely to lead him to his goal.
Just a short time later, as it was growing lighter, he came out of an alley onto a small square facing a stairway. People emerging from every nook and cranny climbed the stairs alongside Robert, their coat collars turned up and their hands buried deep in their pockets against the cold. On one side, a single-storey structure with boarded-up arcades followed the slope of the stairs. A larger arch opened at the top. Robert stepped into it, approached the stone balustrade, and saw the Canal Grande at his feet, with barges being loaded and boats gliding through the early mist. Suddenly a familiar feminine voice rang out of the phone he was still holding in his hand: "You have arrived at your destination."

TRATTORIA
Pensione
"AL GAZZETTINO"

Er versuchte, sich die geschwungene Form eines schmiedeeisernen Geländers einzuprägen und freute sich schon über den vermeintlichen Erfolg, bis er ein paar Brücken später das gleiche oder ein zum Verwechseln ähnliches Geländer vorfand.

Thinking that the curve pattern of the wrought iron railing might help him to find his way, he memorized it and was pleased with his success, until he saw a similar pattern on another bridge and realized it was useless.

SESTIER
DE
S.POLO

Venezianer tauchten aus allen Winkeln auf und stiegen
mit ihm gemeinsam die Stufen empor, die Krägen ihrer Mäntel hochgestellt und die Hände
schützend in den Taschen vergraben, um sich der Kälte zu erwehren.

Venetians emerging from every nook and cranny climbed
the stairs alongside him, their coat collars turned up and their hands buried deep in their
pockets against the cold.

Da erklang überraschend die wohlbekannte Stimme der Frau, die ihm aus dem Lautsprecher seines Navigationsgerätes mitteilte: „Sie haben ihr Ziel erreicht!“

Suddenly the familiar feminine voice rang out of the phone he was still holding in his hand: “You have arrived at your destination.”

ALLTAG IN DER STADT

EVERY DAY CITY LIVE

Der tägliche Weg

THE DAILY ROUTE

Die nahe Kirchturmuhr schlug acht. Die Luft roch nach Fäulnis, wie in fast allen Wassergeschosswohnungen Venedigs. Emilio rückte mit dem Stuhl vom Tisch, um die feuchten Zeitungsknäuel aus dem Inneren seiner Schuhe zu fischen. Das kleine Feuer im Ofen war über Nacht erloschen und hatte wieder einmal nicht ausgereicht, um das Leder zu trocknen.

The nearby church bells rang eight o'clock. The air smelled musty, as in nearly all the ground floor apartments in Venice. Emilio slid his chair away from the table to pull the damp crumpled newspaper out of his shoes. The small fire in the stove had gone out overnight and had not burned long or warm enough to dry the leather.

Es fühlte sich kalt an, als er seine doppelt in Wollsocken gehüllten Füße in die Schuhe steckte. Mit klammen Fingern band er die Schnürsenkel und ging, seiner täglichen Routine folgend, hinüber zum elektrischen Zweiplatten-Kochfeld, um den Kaffee aus der zischenden Aluminiumkanne in eine Thermosflasche umzufüllen und mit warmer Milch aufzugießen. Der Dampf der heißen Flüssigkeiten ließ das kleine Fenster in der kalten Küche beschlagen. Das schale Grau des einfallenden Morgenlichtes mischte sich mit dem orange-gelblichen Schein der schwach leuchtenden Glühbirne und tauchte den Raum in düsteres Licht. Über dem Betonspülstein war ein einzelner Wasserhahn angebracht, der nur kaltes Wasser ausspuckte. Emilio spülte die Kochutensilien aus und stellte sie zum Abtropfen auf das Geschirrtuch der einfachen Anrichte. Er verschloss die Flasche und nahm sie mit in das andere Zimmer, wo er sie in seine Tasche packte, in die er auch seine Kreiden, Kohlen, Tuschen und Tinten steckte und knipste dann die nackte Glühbirne in der Küche und die Lampe im Schlafzimmer aus. Am Kleiderhaken im Flur hing sein dicker, grauer Wollmantel. Er zog ihn über die beiden Pullover, hängte seine Tasche um, griff nach dem Block Ingres-Papier und der Staffelei, und nahm den kleinen Klapphocker, der hinter der schmalen Eingangstüre an der Wand lehnte. Geübt hob er die von Feuchtigkeit verzogene Wohnungstür an, um sie öffnen zu können und trat durch den kleinen Innenhof hinaus in die nebelverhangene Häuserschlucht.

Er blickte hinauf zu den Fenstern im ersten Stock, wo schwere, dunkle Leinenvorhänge das dahinter liegende Zimmer von der Außenwelt abschirmten. Kein Licht drang mehr durch die Spalten, so wie früher. Seinerzeit hatte er noch die kleine Francesca dort oben singen hören, oder war ihr auf ihrem Schulweg vor dem Haus begegnet... Er atmete tief durch und begann seinen täglichen Weg durch die verwinkelten Sträßchen, die er von Kindesbeinen an kannte. Wie selbst-

He felt the damp through his two pairs of wool socks as he slipped his feet into the shoes. He tied the laces with cold fingers and continued his daily routine, taking the hissing aluminium coffee pot from the two-plate electric stove, pouring the coffee into a thermos bottle, and topping it up with hot milk. The steam from the hot liquids fogged the little window of the cold kitchen. The dull grey of the morning light mixed with the weak yellow-orange glow of the light bulb, bathing the room in a dim light.

Over the concrete sink was a single faucet that spat only cold water. Emilio rinsed the cooking utensils and put them on a dish towel to dry. He closed the thermos and took it with him to the other room, where he packed it in his bag, along with chalks, charcoals, and India ink. He switched off the bare bulb in the kitchen and the lamp in the bedroom. His thick grey wool coat hung on a hook in the hallway. He pulled it on over his two sweaters, pulled the strap of his bag over his head, and picked up the tablet of Ingres paper, the easel, and the folding stool that stood against the wall behind the door. As every day, he pulled the warped door upward to open it, and stepped out through the little courtyard into the fog-draped alley.

He looked up to the first-floor windows, where heavy, dark linen curtains shielded the rooms from the outside world. No light seeped out around the edges, as it used to do. Before, he would have heard little Francesca up there singing, or would have passed her in front of the house on her way to school. He sighed and set out on his way through the maze of alleys that he had known since his childhood. He automatically avoided a pothole among the worn cobblestones and immediately turned into a passageway, ducking his head as usual to avoid bumping it. In this short tunnel, a scene framed by an archway overlooking a canal gave him a glimpse of the dominant colours of the day: the aquamarine of the water

verständlich umrundete er auf den ausgetretenen Pflastersteinen die baufällige Stelle im Boden und trat sogleich in den ersten Durchgang unter den Häusern, dabei gewohnheitsgemäß den Kopf einziehend um sich nicht zu stoßen. Seine Aufmerksamkeit in dem kurzen Tunnel galt der Szenerie hinter dem rundbogenförmigen Mauerdurchbruch, welche eine Vorahnung auf das heutige Farbspiel der Stadt zuließ. Das Aquamarin der matten Wasseroberfläche des kleinen Kanals, den er durch den Ausschnitt sehen konnte, hatte nur wenig Leuchtkraft. Das Grün der Pflanzen im Blumenkasten am Haus gegenüber würde man eher als grau bezeichnen, und die roten Ziegel, die der bröckelnde Putz der Hausfassade freigab, glichen einem schlammigen Braun. Emilio genoss die Farblosigkeit des Morgens, als er um die Ecke in die nächste Passage tauchte. Durch den rechten Auslass vor ihm flirrte silbrig die Wasseroberfläche und malte Licht- und Schattenspiele auf die feuchte Hauswand gegenüber der kleinen Wasserstraße, was er auf milden Nebel zurückführte, der zaghaft ein wenig diffuses Sonnenlicht durchdringen ließ. Drei vermooste Stufen führten ihn hinunter zum Wasserniveau. Mit der freien Hand suchte er an der feuchten Steinwand Halt, bevor er sich nach vorne beugte und nach rechts und links zu den beiden Brücken sah. Die Unterseiten ihrer Bögen waren schwarz meliert. Spuren jahrelanger Feuchtigkeit hatten graue Schlieren an den Seitenwänden hinterlassen und die Ecken zu den Hauswänden geschwärzt und untermalten nun die düstere Atmosphäre. Sein Blick vermochte nicht durch die trübe Wasseroberfläche zu dringen, wo gestern Taucher den Kanalgrund abgesucht hatten. Heute sah alles so aus wie immer, keine Spuren der Polizeiboote und Absperrungen waren mehr zu sehen. Das Wasser hatte schon immer für die Beseitigung jeglicher Hinweise gesorgt…

Die Stufen der kleinen Brücke, die durch den linken Torbogen führten, begannen schon innerhalb des Tunnels und trugen ihn schließlich über den Kanal in das Netzwerk der Fußwege, das jeder Venezianer im Kopf hatte. Eine Zeit lang folgte Emilio einer Ordensschwester, deren weiße Amtstracht aus dem Schatten der grauen Häuserschlucht leuchtete, überquerte einige Kanäle, erspähte in einer Seitengasse eine Frau in dunklem Mantel, die ein scheinbar ernstes Gespräch

had little brilliance; the plants in the window boxes of the house opposite were more grey than green; and the red bricks exposed by the crumbling stucco were a muddy brown.

Emilio enjoyed the colourless morning as he turned the corner into the next passageway. In the doorway ahead, he saw the silvery shimmer of the water's surface, reflecting a play of light and shadow on the damp wall of the building across the small canal, as a little diffuse sunlight began to penetrate the fog. Three mossy steps led down to the water. Emilio felt with his free hand for a handhold on the damp stone wall, leaned forward and looked left and right at the nearest bridges: the bases of their arches were stippled with black; years of humidity had also left grey streaks on the parapets and blackened the nearby houses, underscoring the gloomy atmosphere of the place. His gaze could not pierce the opaque surface of the water where divers had searched the bottom of the canal the day before. Today there was no trace of the police boats and blockades, however: everything looked as it always did. The water had always been a willing accomplice when it came to eliminating clues…

The little bridge that began in the tunnel and led through an archway to the left carried him over the canal into the network of alleys that every Venetian knows by heart. For a while, he followed a nun whose white habit stood out against the grey walls. He crossed a few canals, saw a woman in a dark coat in a side alley talking earnestly on her mobile phone, then two locals involved in a heated discussion in front of a house entrance. Slowly the city was filling up with life.

On one bridge, he met Signore Vettucci, an old gentleman from his neighbourhood, who tossed him an unusually curt *"Buongiorno,"* with a thoughtful facial expression as he passed. It seemed as though everyone in the *sestiere* was thinking of Francesca: some speculated openly about her, others pursued their thoughts in silence, as Emilio preferred to do.

Francesca's family had lived in the apartment above Emilio's for several years now. As neighbours they exchanged greetings and a word now and then, when he saw them at nearby street fairs for example. For some time now Emilio had

an ihrem Mobiltelefon führte, und beobachtete einen hitzigen Dialog zweier Bewohner vor einem Hauseingang. Die Stadt füllte sich zaghaft mit Leben. Auf einer Brücke begegnete er Signore Vettucci, dem alten Herrn aus seiner Nachbarschaft, der ihm mit nachdenklichem Gesichtsausdruck nur ein ungewöhnlich kurzes *„Buongiorno!"* zuwarf. Es schien ihm, als ob das ganze *„Sestiere"* um Francesca rätselte und diskutierte. Nur wenige der Bewohner hingen verschlossen ihren eigenen Gedanken nach, wie er es selbst auch vorzog:

Francescas Familie wohnte schon seit einigen Jahren in der Wohnung über der seinen. Man kannte sich von Straßenfesten, man grüßte sich und wechselte das ein oder andere Wort. Den Vater, Signore Foresta, sah er schon seit längerem nur noch unregelmäßig und in oftmals angetrunkenem Zustand. Vermutlich war er arbeitslos geworden, denn ihre morgendlichen Wege kreuzten sich nicht mehr. *La Signora*, die Mutter des Mädchens, ließ sich nur noch selten auf der Straße blicken. Er hatte versucht sie anzusprechen, doch sie war ihm ausgewichen, indem sie ihr Gesicht verborgen und rasch einen anderen Weg gewählt hatte oder ohne ein Wort zu verlieren im Haus verschwunden war. In letzter Zeit hatten sich Geschrei und Weinen aus dem oberen Stockwerk gemehrt. Das Rücken von Möbeln und das dumpfe Aufschlagen von umfallenden Gegenständen hatten immer häufiger Emilios Morgenroutine begleitet, bevor es vor etwa zwei Wochen still im Haus geworden war. Von Nachbarn hatte er erfahren, dass zwei Polizisten vor einigen Tagen im Hauseingang verschwunden waren. Darüber hinaus kursierten lediglich Spekulationen und Gerüchte über das plötzliche Verschwinden des Mädchens, denen er keinen Glauben schenken wollte. Francesca war stets freundlich und aufgeschlossen gewesen, wann immer er sie getroffen und kurz ein paar Worte mit ihr gewechselt hatte. Wenngleich sie bei ihrem letzten Zusammentreffen unablässig und nervös die Fenster im ersten Stock beobachtet hatte.

Der Anblick der gelben und roten Hauswände im Zusammenspiel mit dem blaugrünen Wasser und dem weißen Akzent der freiliegenden Steine an der Ecke, die er regelmäßig auf seinem Weg passierte, riss ihn aus seinen Gedanken und ermutigten ihn wieder einmal, irgendwann ein farbiges Bild zu malen, was er aber wie

seen Francesca's father, Signore Foresta, only rarely, and usually in an inebriated state. He had probably lost his job, since their paths no longer crossed in the morning. The girl's mother was rarely seen outdoors. Emilio had tried to talk to her, but she had evaded him by quickly going a different way or slipping indoors without a word. He had heard shouts and crying from the upper floor more often in recent weeks. His morning routine had been frequently accompanied by the sound of moving furniture and falling objects above, until about two weeks previously, when everything had become quiet again. He had heard from neighbours that two police officers had been seen entering the house a few days ago. Other than that information, there had been only rumours and speculation about the girl's missing, and Emilio was not inclined to believe those. Whenever he had met Francesca, they had exchanged a word or two and she had been friendly and open. Although, the last time he had met her, she had had a nervous eye on the first-floor windows.

The sight of yellow and red houses with white corner stones, looking down at their reflection in the bluish-green water of a canal, brought him back to reality. As so many times before, he thought he should paint in colour one day, but postponed his decision. He looked at the water as he crossed several more of Venice's four hundred bridges: the mirror images on the smooth surface of the water seemed to double the height of the buildings, making the canals between them feel deeper and narrower. A gap between two houses revealed the bell tower of San Giorgio Maggiore, which had collapsed and been rebuilt in the late 18th century on the model of St. Mark's Campanile. That tower had collapsed as well in the early 20th century, but had been rebuilt as before.

This sight reminded Emilio that his hometown had always been threatened by decay, and that high water was damaging the houses, churches and palaces several times a year. The millions of larch trunks rammed into the muddy bottom of the lagoon centuries ago as building foundations rotted on contact with oxygen, so that low water levels were even more perilous. Moreover, the pollution from the nearby industrial zone gnawed at building stone both above and below

gewohnt vertagte. Er überquerte einige weitere der vierhundert Brücken Venedigs und blickte dabei in die quer liegenden Wasserstraßen. Die Spiegelungen auf der glatten Wasseroberfläche verdoppelten die Bauhöhe der Gebäude, wodurch die schmalen Schluchten noch höher und enger zu sein schienen. Sein Blick fiel durch einen Spalt zwischen den Fassaden auf den Glockenturm von San Giorgio Maggiore, der einst eingestürzt, und gegen Ende des 18. Jahrhunderts wiedererrichtet worden war. Der Turm ähnelte seinem Vorbild, dem Campanile di San Marco, der selbst 200 Jahre später in sich zusammengebrochen war. Emilios Heimatstadt war schon seit jeher von Verfall bedroht. Mehrmals jährlich beschädigte Hochwasser das Mauerwerk der Häuser, Kirchen und Paläste. Die Millionen von Lärchenstämmen, die einst als Gebäudefundamente in den schlammigen Untergrund gerammt worden waren, faulten beim Kontakt mit Sauerstoff, für den die zeitweise niedrigen Wasserstände verantwortlich waren. Die Umweltbelastungen der nahe gelegenen Industriezone nagten sowohl über, als auch unter Wasser, an Stein und Marmor. Die Kanäle dienten noch immer als Abwassersystem Venedigs. Emilio zweifelte daran, ob moderne Filteranlagen und Stausysteme, welche Ebbe und Flut kontrollieren sollten, der Zerstörung Einhalt gebieten würden. Zu all dem versank Venedig unmerklich, aber ebenso unaufhaltsam im schlammigen Untergrund der Lagune. Deshalb umso mehr, war die Schönheit der dem Untergang geweihten Hauptstadt seiner täglichen Aufmerksamkeit sicher.

Die Sonne brach mittlerweile hin und wieder durch die Wolkenschicht, die der Morgennebel geboren hatte, und beleuchtete diffus die Szenerie. Gotische Spitzbögen, runde Torbogen oder schlichte rechtwinklige Pforten rahmten die Eingangstore der Hauptfassaden, die konsequent zum Wasser hin ausgerichtet waren. Deren Eingänge lagen auf Wasserhöhe, erreichbar nur per Boot oder Gondel, weshalb diese Häuser einen zweiten Eingang auf der meist sehr viel schlichteren Rückseite besaßen, so dass sie auch trockenen Fußes betreten werden konnten. Vor vielen Fenstern hingen Steinbalkone oder statt derer auch Wäsche, die zum Trocknen auf Leinen dort platziert worden war. Säulenreihen durchbrachen die Außenmauern und trennten gotische Fenster voneinander ab, Vierpässe, Oculi, Stuck, Pilaster und Friese verzierten zusätzlich die Hausmauern. Viele der Häuser

the waterline. And the canals still served as sewers. Emilio doubted whether the modern filters and the lock systems that were supposed to control the ebb and flood would put a stop to the slow but inexorable destruction. In any case, Venice was sinking slowly but surely into the muddy lagoon. All the more reason why the beauty of the doomed city commanded his attention.

Meanwhile, the fog had gone and the sun broke through the clouds now and then, casting a changing light on a scenery of Gothic arches, semicircular portals and plain doorways on the main façades of the buildings facing the water, accessible only by boat. These houses also had a door at the rear – which was usually much less ostentatious – so that they were also accessible on foot. The windows boasted either stone balconies or clotheslines. Columns divided gothic twin windows and structured the façades that also featured a wealth of quatrefoils, pilasters and stucco friezes. Many of the buildings were actually palaces, but with Venetian false modesty the owners simply called them "ca", meaning nothing more than "house".

The first tourists began to appear in the alleys, while Venetians made their boats fast at the docks to deliver goods, load rubbish, or perform repair work directly from the water, in an endless effort to retard the city's decay as long as possible.

St. Mark's Square was only a few more blocks away. Emilio hoped the clouds would disappear altogether, his shoes would stay dry, and the day would be a sunny one. He also hoped to sell a picture, as he knew that his business was best after rainy weather: that was when tourists were most willing to buy themselves a handmade bit of Venice, as a souvenir of an especially happy day. Thoughts of business brought Emilio back to the idea of working in colour sometime soon. That would be a distortion of Venice as he perceived it, but it would sell better, as he had observed countless times watching other artists.

A few colleagues were already at work when he arrived in the square. Signora Bruchetto, who sold one-euro bags of grain to feed the pigeons, was in an animated discussion with a man, probably a city employee. Perhaps she had broken the rules again by putting her little trolley somewhere else than the place allotted

waren eigentlich Paläste, doch in Venedig wurden sie mit falscher Bescheidenheit ihrer Besitzer schlicht „Ca" genannt, was nichts weiter als Haus bedeutete.
Die ersten Touristen erschienen in den Gassen, Arbeiter legten ihre Boote an Stegen an, um Waren auszuliefern, Müll abzuholen oder Reparaturarbeiten direkt vom Boot aus zu verrichten, um durch ihren dauerhaften Einsatz den Verfall der Bauwerke möglichst lange hinauszuzögern.
Es waren nur noch ein paar Querstraßen bis zur Piazza di San Marco. Emilio hoffte, dass sich die Wolken noch ganz verzogen, seine Schuhe trocken bleiben und die Sonne den Tag bestimmen würde. Vielleicht konnte er heute ein Bild verkaufen, denn die umsatzstärksten waren die Sonnentage die auf Regenwetter folgten. Die Besucher waren dann meist gewillt, sich ein Stück handgemachtes Venedig zu gönnen, um einen besonders schönen Tag in ihrer Erinnerung festzuhalten. Einzig aus diesem ökonomischen Grund dachte er noch einmal daran, vielleicht demnächst ein farbiges Bild zu malen. Es würde Venedig zwar in Emilios Wahrnehmung verfremden, aber es ließe sich leichter verkaufen, wie er es zahllose Male bei anderen Malern beobachtet hatte.
Als er an der Piazza di San Marco angekommen war, fand er bereits einige Kollegen vor. Signora Bruchetto, die für einen Euro Taubenfutter verkaufte, diskutierte gerade eifrig mit einem Mann, vermutlich einem Stadtangestellten. Wahrscheinlich hatte sie wieder einmal die Regeln missachtet und ihren kleinen Wagen an der Stelle platziert, die ihr besser gefiel, als die ihr Zugewiesene. Emilio musste über die Sturköpfigkeit der Dame schmunzeln, die immer wieder für Gesprächsstoff unter den Straßenverkäufern und -künstlern sorgte. Der Platz wurde zu späterer Stunde, wenn die Touristen ihn belagert hatten, von den Einheimischen gemieden. Aber jetzt hörte man hier venezianischen Klatsch, es wurden Zeitungen gekauft, Morgenspaziergänge abgehalten und Großeltern waren mit ihren Enkeln auf dem Weg zum Kindergarten hier vorbeigekommen, um die Tauben zu füttern. Emilio sah sich nach einem geeigneten Platz um, wo er Staffelei und Hocker platzieren, Zeichnungen aus seinem Block ausstellen und zu malen beginnen könnte. Da bemerkte er Pietro, der seine Ölfarben und Leinwände schon aufgestellt hatte. Freudig begann er neben ihm aufzubauen.

her. Emilio had to smile at the woman's stubbornness, which was a familiar topic to the street vendors and artists. Later in the day, when the tourists had stormed the square, the locals would avoid it. But at this hour, the Venetians were gossiping, buying their newspapers or taking their morning walks, while older people walking their grandchildren to kindergarten stopped here to feed the pigeons.
Emilio looked for a good spot to set up his easel and stool, exhibit his drawings and start to work. Then he saw Pietro, who had already unpacked his oil paints and canvas. Emilio happily began setting up beside him.

Heute sah alles so aus wie immer, keine Spuren der Polizeiboote und Absperrungen waren mehr zu sehen. Das Wasser hatte schon immer für die Beseitigung jeglicher Hinweise gesorgt...

Today there was no trace of the police boats and blockades: everything looked as it always did. The water had always been a willing accomplice when it came to eliminating clues...

S MARIA

Eine Zeit lang folgte Emilio einer Ordensschwester, deren weiße Amtstracht aus dem Schatten der grauen Häuserschlucht leuchtete.

For a while Emilio followed a nun whose white habit shone against the shadows of the grey alley.

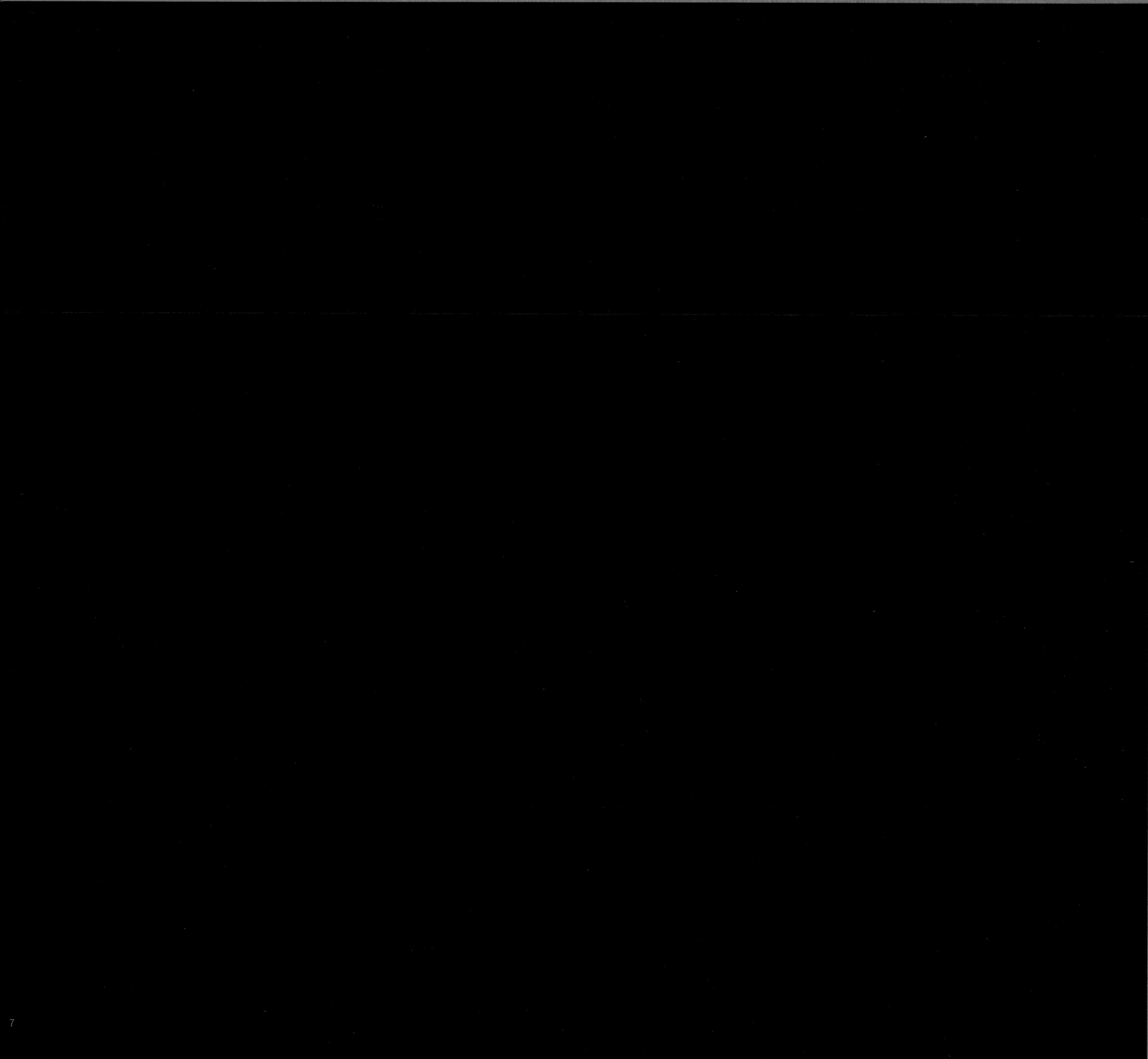

ONTE
TORTO

PAROCHIA
S. CASSAN
SOTOPORTEGO
DEL CAPELER

Emilio erspähte in einer Seitengasse
eine Frau, die ein scheinbar ernstes Gespräch an ihrem Mobiltelefon führte, ...

Emilio spied a woman in a dark coat in a side alley talking earnestly on her mobile phone, ...

... und beobachtete einen hitzigen Dialog

zweier Bewohner. Es schien ihm, als ob das ganze „Sestiere“ um Francesca rätselte und diskutierte.

... then two locals involved in a heated discussion in front of a house entrance. It seemed as though everyone in the sestiere was thinking of Francesca.

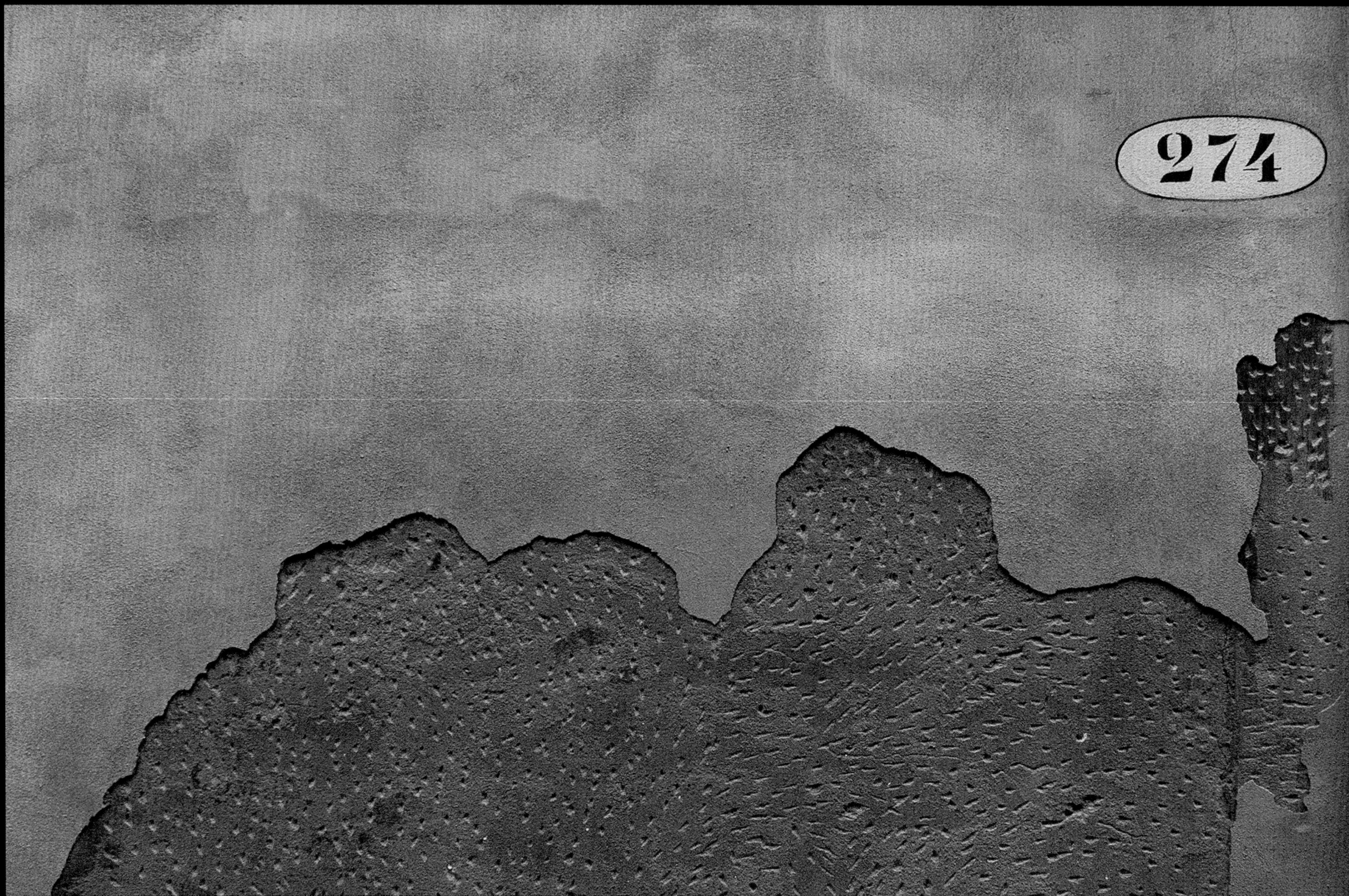
274

Emilio empfand die Eigenheit der wohlhabenden Venizianer als seltsam, die ihre
Paläste mit falscher Bescheidenheit schlicht „Ca“ nannten, was nichts weiter als Haus bedeutete.

With false modesty, the wealthy Venetians simply called their palaces "ca," meaning nothing more than "house".

01

VECCHIA
MURANO
GLASS BLOWING
ENTRANCE

5882 A

toilette

Arbeiter legten ihre Boote an Stegen an, um Reparaturarbeiten direkt vom Boot aus zu verrichten und durch ihren dauerhaften Einsatz den Verfall der Bauwerke möglichst lange hinauszuzögern.

Workmen made their boats fast at the docks to deliver goods, load rubbish, or perform repair work directly from the water, in an endless effort to retard the city's disintegration as long as possible.

Chi
LE GRANDI ESCLUSIVE
LAPO ELKANN
Bacia la ex di Andrea Casiraghi

1,00
€uro 1,00
1,00 €uro

DIE WAHRZEICHEN

CITY LANDMARKS

Das erste Treffen

FIRST ENCOUNTER

Robert war in sein Hotel zurückgekehrt, nachdem er sich auf den kleinen von Arkaden eingerahmten Platz hinter der Brücke gewagt, und die „Ponte di Rialto“ von allen Seiten betrachtet hatte, mehr auf den Anbruch des Tages wartend, als aus Interesse an Venedigs berühmtester Brücke.

Robert had returned to his hotel after having explored as far as a little square lined with arcades near the Rialto Bridge, and having looked at the structure from every angle — more interested in the growing daylight than in Venice’s most famous bridge.

Er hatte die Wartezeit genutzt, um sich den Rückweg von der Karte seines Navigationsgerätes einzuprägen, auch wenn ihm dieser Plan aufgrund des wirren Zickzackmusters auf dem Bildschirm fast sinnlos erschienen war. Wie erwartet, hatte ihn der Satellitenempfang auf seinem Rückweg bereits in der ersten Seitenstraße verlassen, und er war wieder auf sich selbst gestellt gewesen. Doch seine nächtliche Erfahrung, auch ohne technische Unterstützung den Weg gefunden zu haben, sowie die Tatsache, dass es bereits hell geworden war, hatten ihn zuversichtlich gestimmt. Fast mühelos hatte er die Piazza di San Marco erreicht, denn der Weg war ausgeschildert gewesen, so wie er vermutet hatte. Von dort war es ein Leichtes gewesen, entlang der Uferpromenade zurück zum Hotel zu finden. Ein Blick auf die Uhr hatte ihm verraten, dass es bereits acht Uhr und dreiunddreißig Minuten war, was die anwachsende Zahl der Touristen erklärte. Von einer Brücke aus, hatten sie, in Gruppen formiert, ihre Kameras über das Geländer in einen Kanal gerichtet gehalten. Einigen aufgeschnappten Wortfetzen hatte er im Vorübergehen entnehmen können, dass das Ziel der Objektive die Seufzerbrücke gewesen war. Er hatte schon von dieser Sehenswürdigkeit gehört und einen raschen Blick auf das bogenförmige Bauwerk geworfen, sich jedoch nicht die Zeit genommen stehen, zu bleiben. Von den Anstrengungen ermüdet, hatte er sich nach Ruhe gesehnt.

Froh wieder im Hotel angekommen zu sein, hatte er sich reichlich am Frühstücksbuffet bedient. Seine Anspannung war beim Verschlingen von Cornflakes und Baguette mit Marmelade abgeklungen, so dass er schließlich in sein Zimmer gegangen war, um den versäumten Schlaf der vergangenen Nacht nachzuholen.

Robert schlug, von unruhigem Schlaf geweckt, die Augen auf und ließ den Blick durch das Zimmer gleiten, das er zum ersten Mal ganz bewusst wahrnahm. Ob die Möbel antik oder Nachbildungen waren, konnte er nicht beurteilen. Sarah hätte es sofort erkannt. Der Boden war mit dunklen Holzplanken ausgelegt, die geebnet, abgezogen und seidenmatt eingelassen waren. Dunkelgrüne, schwere Brokatvorhänge hingen bis auf den Boden. Der fast bodenlange Fensterrahmen war weiß getüncht, ebenso wie die hölzernen Kassettentüren. Stuckleisten verzierten die Kanten zwischen Wand und Zimmerdecke. Die Tapete bestand seltsamerweise nicht aus Papier, sondern aus einem grünen, seidenartigen Stoff, der mit ornamentalen Mustern durchsetzt war. Er fasste neben sich an die Wand und

While waiting he had memorized his way back from his GPS phone's display, which was a particularly ambitious goal as the course was hopelessly zigzagged. Once again he lost his satellite reception at the first side alley, and was on his own again. But he was encouraged by his pre-dawn experience, having found his way without technical aids, and by the fact that it was now light. He was also glad that his hotel was in the immediate vicinity of St. Mark's Square, and that the way there, as he had suspected, was signposted. He had found the square almost effortlessly, and from there it was easy to follow the quay back to the hotel. A glance at his watch revealed 8:33, which explained the growing number of tourists in the streets. They had formed in groups festooned with cameras at one bridge and from the few words he overheard as he passed by, Robert inferred that the subject of their snapshots was the Bridge of Sighs. That was a landmark he had heard of, and he glanced quickly at the arching structure, but without taking the time to stop. He was tired and eager to rest.

Glad to be back at his hotel, he helped himself generously at the breakfast buffet. His tension subsided as he wolfed down cornflakes and bread with jam. Afterward, he went up to his room to recoup the night's lost sleep.

Awakened from another troubled sleep, he opened his eyes and let his gaze wander through the room, paying attention to details for the first time. He couldn't judge whether the furniture was antique or imitation. Sarah would have known at a glance. The floor was made of dark planks that had been sanded smooth and sealed in a semi-gloss varnish. Heavy, dark green brocade curtains hung to the floor. The high window frame was painted white, as were the wood frame-and-panel doors. Stucco coving marked the junction between the walls and the ceiling. The walls were not covered with paper, but with a green silky cloth with woven patterns. Robert touched the wall beside the headboard and felt the covering yield under the pressure of his fingers. It seemed to have a padded backing. Green – Sarah's favourite colour... Subdued electric light and rays of sunshine gave the room an ambiguous atmosphere that calmed him and made him uncomfortable by turns.

The alarm clock showed 11:27. It must be the soft mattress that kept him from sleeping. He turned over on his back, folded his hands behind his head, and reviewed the morning's experiences in his mind. The fact that he was supposed to

fühlte, wie sie unter dem leichten Druck seiner Finger weich nachgab. Sie schien unterpolstert zu sein. Grün. Grün war Sarahs Lieblingsfarbe...

Gedämpftes Licht wechselte sich mit den Sonnenstrahlen ab, die durch das Fenster des Zimmers fielen und es abwechselnd in angenehme oder unbehagliche Atmosphäre tauchten. Der Wecker zeigte 11:27 Uhr. Es musste wohl an der weichen Matratze liegen, dass er keine Ruhe fand. Er drehte sich auf den Rücken, faltete seine Hände hinter dem Kopf und ließ die Erlebnisse der Morgenstunden noch einmal Revue passieren.

Dass er sich ohne Anleitung und Ziel in der fremden Stadt zurechtfinden sollte, rief ein flaues Gefühl im Magen hervor. Doch er hatte die Reise plangemäß angetreten – wenn auch ohne Sarah – so sollte Venedig nun auch erkundet werden. Glücklicherweise wohnte er im Zentrum der Stadt und schlussfolgerte daraus die hohe Wahrscheinlichkeit einen Reiseführer erstehen zu können.

Das Wetter schien sich von seiner unbeständigen Seite zeigen zu wollen, als er aus dem Hotel trat. Der knorrige Baum in der Mitte des kleinen Platzes wirkte fahl und grau, dennoch vermochte durch die Wolken brechendes Sonnenlicht, schwache Schatten auf die Kapelle gegenüber zu werfen. Kurz darauf fand sich Robert zwischen Warteschlangen vor den Eingängen der Sehenswürdigkeiten des Markusplatzes wieder. Es dauerte nicht lange, bis er unter den Arkaden einen Souvenir-Laden fand, der außer Plastikgondeln und bunten Kunststoff-Miniaturen der städtischen Wahrzeichen auch Reiseführer in allen Sprachen anbot. Mit der Lektüre ausgestattet trat er entschlossen auf den Platz, neugierig darin herumblätternd, und die Bauwerke mit den Bildern und Beschreibungen abgleichend. Das lange Gebäude, um dessen Ecke er schon dreimal gebogen war, war also der berühmte Dogenpalast. Den hohen Turm nannte man „Campanile" und das Gebäude mit seinen runden Kuppeldächern, dass mit seinen zahlreichen Statuen auf dem First aussah, als wäre es aus Zuckerguss, war die Markusbasilika.

Vertieft in seinen Reiseführer stolperte er beinahe in eine Menschentraube, die sich um einen Maler scharte, der ein farbenfrohes Abbild des gegenüberliegenden Palastes auf seine Leinwand übertrug. Robert wollte sich gerade abwenden, da wurde sein Blick von der Staffelei des benachbarten Künstlers eingefangen, der die Szenerie nahezu authentisch in zarten Grautönen zu Papier brachte. Kaum jemand schien ihn zu beachten. Robert trat ein paar Schritte näher und

find his way around in a strange city, without instruction or a goal, gave him an unsettled feeling in his stomach. But he had taken the trip as planned – in spite of Sarah's absence – so he was going to explore Venice. Fortunately, he was staying in the city centre and was confident he would find a guidebook.

The weather seemed to be variable as he stepped out into the little square in front of the hotel: a gnarled, pale grey tree was barely able to project a shadow on a nearby church as the sun broke through the clouds. A short time later, Robert was making his way through the queues before the entrances to the architectural monuments on St. Mark's Square, until he found a souvenir shop under the arcades that offered toy gondolas, colourful plastic miniatures of the city's landmarks and guidebooks in every language imaginable. Equipped with a version in his mother tongue, Robert returned to the square, thumbing the pages with curiosity and comparing the buildings around him with the photos and descriptions in the book. He learned that the long building whose corner he had already passed three times was the famous Doge's Palace, that the tall tower was called the Campanile, and that the building with the round cupolas and countless statues looking like sugar frosting was St. Mark's Basilica.

With his nose in his guidebook, Robert nearly stumbled into a group of people crowding around an artist who was painting a colourful image of the Doge's Palace on his canvas. Robert was just turning aside when the next artist caught his eye: he was rendering the same scenery with remarkable fidelity in delicate shades of grey, but seemed to attract little or no attention from the crowd. Robert stepped closer and watched how, line by line and shading by shading, an image developed that romanticized nothing. The artist rendered every blemish, including the crumbling plaster, the countless pigeons and the people in the foreground who hid parts of the arcades.

When Robert had been standing behind the artist for a while, the man suddenly turned around and looked at him, his eye resting for a moment on the guidebook in Robert's hand, the surest way to tell what language to address him in.

"Do you like it?" the artist asked. Robert faltered before he could answer, "Yes."

The man turned back to his work. But before Robert could get away, he continued, "It shows what's really there."

"Mhmmm," Robert agreed through pressed lips.

beobachtete wie Strich um Strich, Schattierung um Schattierung ein Bild entstand, das nichts beschönigte. Es ließ keinen Makel aus, zeigte die Schlieren, die abgeplatztzen Stellen an den Fassaden und neben den zahllosen Tauben auch die Menschen, die im Vordergrund Teile der Arkaden verdeckten.

Als er eine Weile beobachtend hinter dem Künstler gestanden hatte, so dass dieser ihn nicht sehen konnte, drehte sich dieser plötzlich um und musterte ihn kurz, während sein Blick für einen Moment auf dem Reiseführer in Roberts Hand verharrte.

„Gefällt es dir?" fragte er ihn in Roberts Muttersprache.

Robert stockte, bevor er ein knappes „Ja" hervorbringen konnte.

Der Maler wandte sich wieder seinem Bild zu. Doch bevor Robert entwischen konnte, fuhr er fort: „Es zeigt die Wirklichkeit".

„Mhmmm" bestätigte Robert durch seine zusammengepressten Lippen.

„Zum ersten Mal in Venedig?"

„Ja."

Es vergingen ein paar Sekunden, die Robert wie eine Ewigkeit vorkamen, bevor der Maler sich erneut zu ihm umdrehte: „Emilio" stellte er sich vor, und reichte ihm die Hand, die er vorher an seiner Hose abgewischt hatte, um sie erfolglos vom Kohlenstaub zu befreien.

Zögernd ergriff sie Robert, und erwiderte den sanften Druck kräftig: „Robert", antwortete er ebenso zu laut wie sein Händedruck zu stark ausgefallen war.

„Warst du schon drinnen?" fragte Emilio mit einer Kopfbewegung auf den Dogenpalast deutend.

„Nein."

„Solltest du! ... Was hast du schon gesehen?" fragte er und deutete reihum auf die Gebäude: „Campanile? Basilika? Ala Napoleonica? Biblioteca Marciana? Procuratia"?

„Die Rialtobrücke" antwortete Robert ein wenig stolz.

Emilio zog eine Augenbraue hoch: „Geh zu Antonio. Er zeigt dir Venedig per Gondel." Und nachdem er Roberts verhaltenes Zögern bemerkte, fügte er lächelnd hinzu: „Er ist freundlich und spricht deine Sprache."

Emilio riss ein Stück Papier vom Deckblatt seines Blockes, schrieb mit dem krum-

"Your first time in Venice?"

"Yes."

A few seconds passed, and felt like an eternity to Robert, before the artist turned to him again. "Emilio," he said extending his hand, after rubbing it on his trousers in a vain attempt to wipe off some of the charcoal. Robert took it hesitantly and said his name, feeling that his voice was excessively loud, just as his handshake had been too forceful.

"Have you been inside?" Emilio asked, moving his head to indicate the Doge's Palace.

"No."

"You should! What have you seen: Campanile, Basilica, Ala Napoleonica, Biblioteca Marciana, Procuratie?"

"The Rialto Bridge," Robert answered with faint pride.

Emilio raised one eyebrow.

"Go to Antonio. He will show you Venice by gondola." Noticing Robert's slight hesitation, he added with a smile, "He is friendly, and he speaks your language."

He tore a scrap of paper from the cover of his drawing pad, wrote the location of Antonio's gondola mooring on the back with his crooked charcoal, and handed the paper to Robert.

"Antonio is easy to recognize: he always has flowers in his hand. Come back and tell me how you liked it," he said, dismissing Robert, who thanked him softly.

Emilio concentrated again on his drawing and Robert went a few steps in order not to disturb him, then stopped to get a route to the gondola mooring on his phone's GPS. Happy to have a new goal, he traced the route on the map of his guidebook as well.

Crowds of tourists were squeezing into a narrow passage between the arcades that was the main exit at the back of St. Mark's Square. Robert hesitated: should he submit to the throng of tourists that would push him along through the streets, or choose a different route on his map? With some misgivings, he decided to deviate from the path he had just drawn, and take a detour instead.

After going just a few yards down a side street, he was on his own: no one but him seemed to stray off the beaten paths between the landmarks. He let the empty

men Kohlestab den Standort von Antonios Gondel-Anlegestelle auf die Rückseite des Papiers und überreichte es Robert.
„Antonio ist leicht zu erkennen: er hat immer Blumen in der Hand. Komm zurück und sag mir, ob es dir gefallen hat!" entließ er Robert, der noch ein leises „Danke" hervorbrachte, während sich Emilio schon wieder konzentriert seiner Zeichnung widmete.
Robert entfernte sich ein paar Schritte, um Emilio nicht lästig zu werden, blieb dann aber stehen, um sich die Route zu besagter Gondel-Anlegestelle auf seinem Navigationsgerät anzeigen zu lassen. Froh über das neue Ziel, übertrug er die Strecke sogleich auf die Karte seines Reiseführers.
Wäre die Menschenmenge nicht gewesen, die sich trichterförmig in die schmale Passage zwängte, hätte er die Gasse zwischen den prachtvollen Arkaden, die seinen Ausgangspunkt markierte, kaum bemerkt. Die Wahl, sich zu fügen und von Touristen durch die Straßen schieben zu lassen, oder einen anderen Weg zu wählen, ließ ihn zögern und einen raschen Blick auf den Stadtplan werfen. Von Unwohlsein begleitet, beschloss er von der eingezeichneten Route abzuweichen und einem alternativen Pfad zu folgen. Schon nach wenigen Metern in der Seitengasse war er ganz auf sich allein gestellt, denn außer ihm schien niemand von den ausgetretenen Verbindungen zwischen den Sehenswürdigkeiten abzuweichen. Er ließ sich von den leeren Schluchten einsaugen, zeichnete an jeder Ecke und jeder Kanalüberquerung, die er passierte, den zurückgelegten Weg auf der Karte ein und plante sorgfältig Straße um Straße die Strecke in Richtung seines Zwischenziels: Die Rialtobrücke war eine der vier langen Brücken über den Canal Grande, und die einzige, die ihn auf die andere Seite, in das Viertel San Polo brachte, ohne dass er einen weiten Umweg in Kauf nehmen musste. Noch einmal musste er sich hier dem Touristenstrom ergeben, der gesäumt von Souvenir-Läden die Brücke überquerte. Sein Ziel vor Augen ließ er sich mitreißen, wühlte sich eilig durch das Gedränge auf dem Plateau und stieg rasch die Stufen zur anderen Seite hinab über den Marktplatz, den er von seinem morgendlichen Ausflug schon kannte. Die Straßen wurden merklich leerer, je weiter er sich von der Sehenswürdigkeit entfernte.

streets pull him in, stopping briefly at every corner and every bridge to trace the route taken on his map in order to follow his progress toward his intermediate destination: the Rialto Bridge, one of the four passages over the Canal Grande, and the only one that would bring him to the San Polo quarter without requiring a long detour.
When he reached the Rialto Bridge he had no choice but to surrender himself to the flood of tourists milling among the souvenir shops. His destination in sight, he let himself be carried along to the top platform, and quickly went down the stairs on the other side and across the square that he had discovered that morning. The streets became noticeably emptier the farther he got from the famous bridge.

CIRCUITO OFF
VENICE INTERNATIONAL
SHORT FILM FESTIVAL
TAXI

X.
CIRCUITO OFF
VENICE INTERNATIONAL
SHORT FILM FESTIVAL

EDICEND
AERE · CIVICO · RE
A · MDCCCCXX

118

SONY

Von einer Brücke aus, hatten sie, in Gruppen formiert, ihre Kameras über das Geländer in einen Kanal gerichtet gehalten. Einigen aufgeschnappten Wortfetzen hatte er im Vorübergehen entnehmen können, dass das Ziel der Objektive die Seufzerbrücke gewesen war.

They had formed in groups at one bridge to take turns holding their cameras over the parapet and photographing along the canal. From the few words he overheard as he passed by, he inferred that the subject of their snapshots was the Bridge of Sighs.

CORTE DEI CONTI

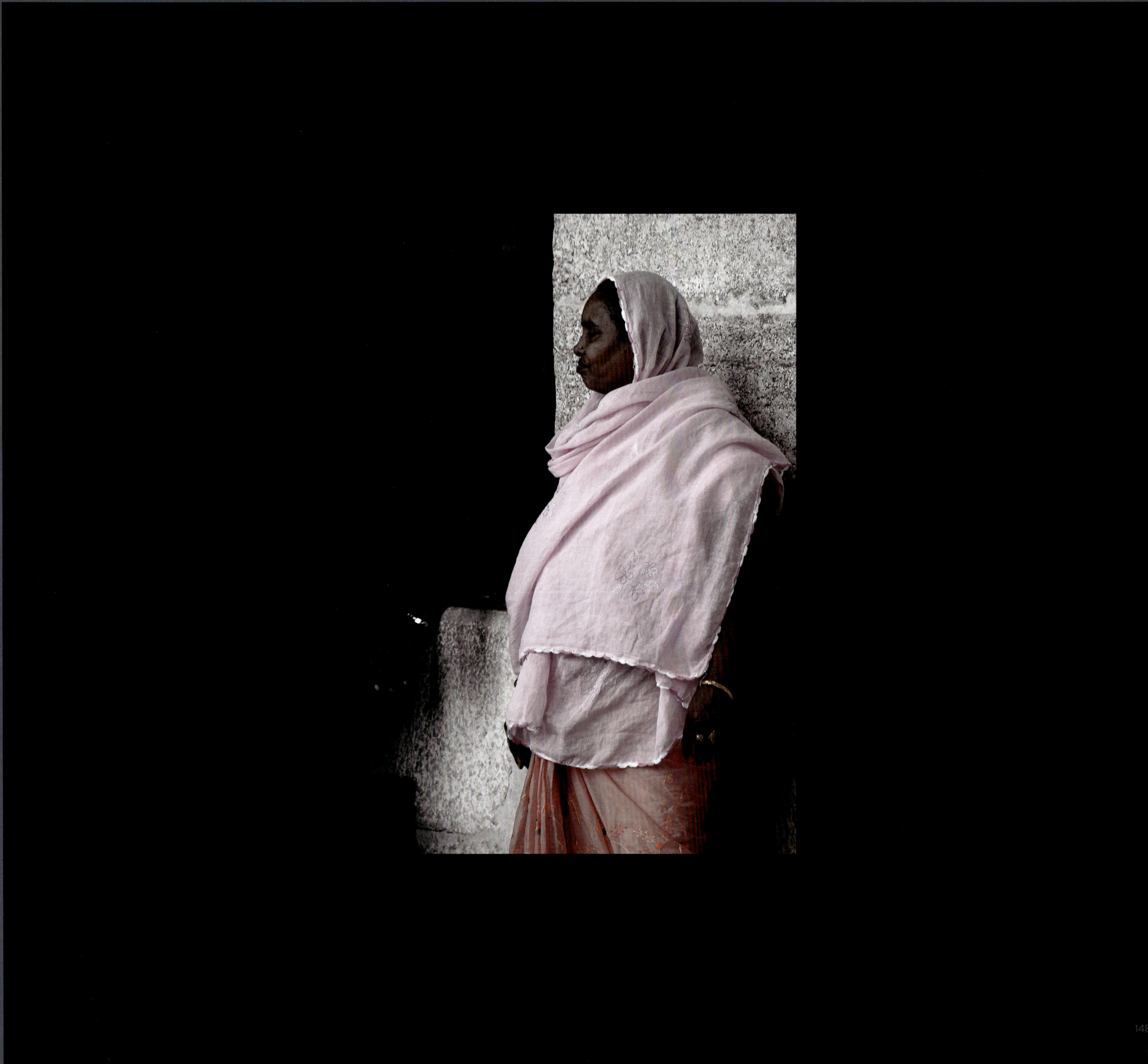

VENEZIA
ITAL
Venezia

FOTO
BLITZ

Noch einmal musste er sich hier dem Touristenstrom ergeben, der gesäumt von Souvenir-Läden die Brücke überquerte.

At the Rialto he had no choice but to surrender himself to the stream of tourists flowing across the bridge lined with souvenir shops.

VENEZIA
ITALIA

CLUB

SESTIER
DE S.CROSE
PONTE
S.PANTALON

DURCH DIE KANÄLE

THROUGH THE CHANELS

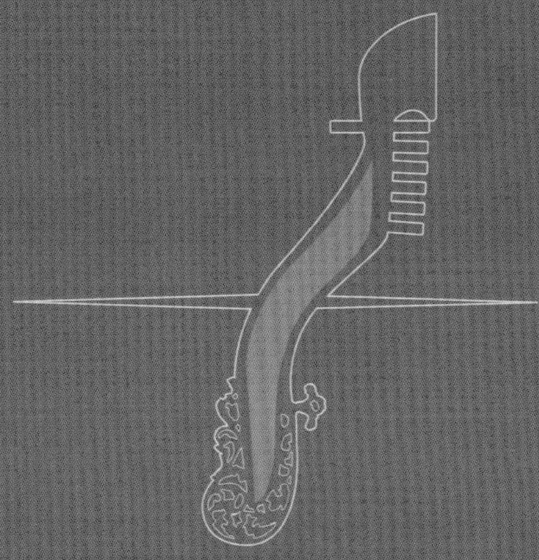

Ein neuer Blickwinkel

A NEW PERSPECTIVE

Seinem Ziel schon recht nahe, bemerkte Robert am anderen Ende einer Seitengasse das schlichte Heck einer Gondel. Ein wenig irritiert blickte er auf die Karte, laut derer dies noch nicht die Anlegestelle von Antonio sein konnte, und folgte weiter der eingezeichneten Strecke.

Robert spied the slender poop of a gondola at the far end of a side street. Slightly disoriented, he looked at the map, which indicated that it wasn't Antonio's boat he was looking at. He continued along the path he had traced.

Der Kanal an der nächsten Brücke brachte eine weitere dieser schwarzen handgetriebenen Ausflugsboote zum Vorschein und schon in der folgenden Passage lugte das schwertartige Gebilde eines Buges durch eine ovale Öffnung in der Wand. Durch einen Ausgang, den er auf seinem Weg passierte, sah er eine Gondel vorbeigleiten und gleich darauf fand er eine weitere vor, die an einem Legeplatz vertäut war. Robert bemerkte, dass die Bootsführer meist Strohhüte und gestreifte Hemden trugen, und dass die spiralförmig rot und weiß bemalten Stangen, welche aus dem Wasser ragten, die Anlegestellen kennzeichnten. Sein Blick in den querliegenden Kanal offenbarte eine Vielzahl weiterer Gondeln und er wunderte sich, wie viele dieser historischen Boote immer noch im Einsatz zu sein schienen. Vor seiner Suche nach Antonio hatte er nicht eines davon wahrgenommen.

Im Vorübergehen musterte Robert einen Gondoliere, der auf einer Brücke auf Kundschaft wartete, aber nicht Antonio sein konnte, denn dieser hatte keine Blumen bei sich. Mitten auf dem vor ihm liegenden Platz, der laut Karte sein Ziel sein musste, blickte er auf die Rücken zweier quer gestreifter Hemden: Gondoliere, die auf schwarzen, viel zu klein wirkenden Holzstühlen saßen. Gerade wollte Robert die beiden Männer von vorne in Augenschein nehmen, da entdeckte er einen dritten Mann in schwarz-weiß gestreiftem T-Shirt und Strohhut, der abseits auf einem Brückengeländer saß und einen kleinen Blumenstrauß in den Händen hielt.

Robert holte tief Luft und ging zögernd auf den Mann zu. Als der ihn erblickte, zückte Robert schnell Emilios Zettel, zeigte ihn wie einen Ausweis an einem Grenzübergang vor und fügte auf den verwunderten Blick Antonios hinzu: „Emilo schickt mich". Unverzüglich legte sich ein Lächeln auf Antonios Gesicht, der ihm gleichzeitig die Hand reichte. „Hallo, meine Name isse Antonio. Willkomme in Venezia!" sagte er, beugte sich nach hinten, breitete pathetisch seine Arme aus und blickte dabei in großer Geste von links nach rechts, um seiner Heimatstadt die nötige Würde zu verleihen. „Du möcktest eine *corsa speziale*? Vierzig Minuten koste 80 EURO. Standardtarif. Gilt für jede Gondelfahrer. Aber nur ick spreke deine Spraake," grinste Antonio freundlich. „Komm" rief er als er schon zu seiner Gondel unterwegs war.

Robert folgte ihm unentschlossen, bestieg das schwankende Gefährt mit Antonios Hilfe und hatte damit wohl den genannten Preis akzeptiert. Antonio verlor keine kostbare Zeit, befestigte flink den Blumenstrauss auf der Abdeckung des

He saw another black, one-oared boat from the next bridge, then a sword-like prow through an oval opening in a wall, and a fourth gondola gliding by. Coming out of a passageway, he found another boat made fast at a quay. He noticed that red and white striped poles marked the moorings, and that most of the gondoliers wore striped shirts and straw hats. A look along the canal revealed many more gondolas, and he was amazed at the number of these historic boats that were still in service. Before he had gone in search of Antonio, he hadn't seen a single one.

A gondolier stood by a bridge waiting for a fare, but the man couldn't have been Antonio since he had no flowers with him. In the middle of a nearby square – Robert's destination according to the map – two men in striped jerseys were sitting on wooden chairs that looked much to small for them. Robert was just about to move around the square to have a look at them from the front when he saw a third man wearing a straw hat and a black-and-white striped shirt, sitting on the railing of a bridge, and holding a small bouquet in his hand.

Robert took a deep breath and hesitantly approached the man, who looked at him with raised eyebrows. Robert quickly held up Emilio's note, as if presenting his passport at a border checkpoint, and said, "Emilio sent me." Instantly, a smile lit up Antonio's face, and he extended his hand. "Hello, my name is Antonio. Welcome to Venezia!" Leaning back, he spread his arms wide, and moved his gaze from left to right to include the full panorama of his hometown in a melodramatic gesture. "You wish a *corsa speziale*? Forty minutes cost eighty euros. Standard fare. Same for all *gondolieri*. But only I speak your language," Antonio boasted with a friendly grin. "Come," he called, already walking toward his gondola.

Robert followed him after a moment's hesitation, boarded the rocking vessel with Antonio's help, and so tacitly accepted the price offered. Antonio lost no valuable time, quickly tied his bouquet to a fitting in the bow, and pushed the gondola away from the quay, while Robert settled himself on a red velvet cushion between two gilded ornaments in the shape of horses. Instinctively, he ducked his head as they glided under the first bridge. Antonio laughed. "You don't must put your head down. Look: I stand up!"

Robert had to laugh at Antonio and his own reflex. The gondolier took that as his cue that the ice was broken.

"What's your name?"

"Robert," he answered, still smiling.

Bugs und stieß die Gondel vom Ufer ab, noch während Robert auf den roten Samtkissen zwischen den goldenen Pferdchen Platz nahm. Instinktiv zog Robert den Kopf ein, als sie unter der ersten Bogenbrücke hindurchglitten. Antonio lachte: „Du nix musse Kopf einziehe. Schaust du: ich stehe!"
Robert musste über Antonio und sein eigenes Verhalten schmunzeln. Das war das Zeichen für Antonio, dass das Eis gebrochen war: „Wie isse deine Name?"
„Robert", antwortete er noch immer lächelnd.
„Rober? Ah... Roberto! *Ciao* Roberto! Ich dir zeige Venezia von die Seite von Kanal, wie wir Gondoliere kenne Serenissima seit hunderte Jahre. Weisst du Serenissima? Ist die alte Name fur Venezia." fing Antonio an über seine Heimat zu schwärmen. „Gondoliere ist eine schwierige Beruf. Musse macke lange Ausbildung und sehr schwere Prufung. Nix kann jeder mache. Gibts nur eine einzige *Signora*, die macke diese Beruf, sie habe meine Respekt!" sagte er mit erhobenem Zeigefinger und verschmitzem Grinsen. „Du musse kaufe *Licenza* fur anlegen mit Boot an eine Stelle. Koste dreihunderttausend Euro, aber nix habe soviel *Moneta*, aber *mio Padre* und *Padre* von *Padre* schon Gondoliere ware, und icke macke die Geschäfte weiter. *Gondola* auch teuer. Koste zwanzigtausend Euro, weil ist eine Boot speziale. Guckst du vorne und hinte: nix isse *simmetrico*. Rechte Seite von Boot ist kurzer, damit nix fahre in Kreis wenn Ruder nur auf eine Seite. Isse gemackt aus acht verschiedene Holze." Antonio zeigt auf das Schwert am Bug des Bootes: „Der *Ferro* isse gemackt aus Eise und macke Gondola stabile. Jede Zacke isse fur eine Stadtteil, sechs fur Centro Storico, eine fur Giudecca."
Antonio erzählte ihm, dass es noch etwa vierhundert Gondeln in Venedig gäbe. Früher, als es noch keine Motorboote gegeben hatte, waren es Zehntausend gewesen, welche die Kanäle durchzogen hatten. Er berichtete, dass im 15. Jahrhundert vom Dogen ein Verbot gegen prunkvolle Gondeln erlassen worden war, die bis dato mit ihren verzierten und vergoldeten Kabinen den Reichtum der Bewohner symbolisiert hatten. Seither mussten alle Gondeln schwarz sein. Die Gondeln benötigten nur flaches Gewässer, aber für die Motorboote mussten die Kanäle fortwährend entschlammt werden, um die notwendige Wassertiefe zu gewährleisten.
Sie begegneten einigen anderen Gondeln auf ihrer Route, die mit fotografierenden Touristen befüllt waren, als Antonio gelenk in einen Kanal manövrierte, der so schmal war, dass er das Ruder aus der Halterung lösen musste, um es steiler stellen zu können. „Schaust du diese Kanal. Hier nix sind Touriste. Aber Leute

"Rober? Ah, Roberto! *Ciao*, Roberto! I show you Venezia from the perspective from the canal, that is how we *gondolieri* know the Serenissima for hundreds of years. You know 'la Serenissima'? Is the old name of Venezia."
Antonio's passion for his hometown seemed sincere. "Gondoliere is a hard job," he continued. "You learn for a long time, and you have a very hard examination. Not everybody make it. Now we have one *gondoliera*, a *signora*, she does this job. She has my respect," he exclaimed with a raised finger and a mischievous grin. "Then you have to buy the licence for a place to dock the gondola. The licence costs three hundred thousand euro. I not have so much money, but *mio padre* and *padre di mio padre* were *gondolieri*, and I continue the business. The gondola too costs much money. Twenty thousand euro, because very *speziale*. Look in front and in the back, in the middle is nothing. The right side of the boat is shorter, so she don't go in a circle because I row only on one side. She is make from eight different kinds of wood. You also have the iron prow teeth that symbolize the seven parts of the city: six for the historic city centre and one for La Giudecca."
According to Antonio, there were currently some four hundred gondolas in Venice, but there had been ten thousand before the motorboats. Some had been sumptuously decorated, displaying their owners' wealth with gilt ornaments, until in the 15th century, Antonio reported, the Doge had prohibited such ostentation. From then on, all gondolas must be black. Antonio also explained that although a gondola can move in shallow water, the canals were continually dredged to keep them deep enough for the motorboats.
They saw other gondolas along the way, filled with tourists taking snapshots, until Antonio handily manoeuvred his vessel into a canal that was so narrow that he had to hold his oar vertically. "Look this canal. Here is no tourist. But the people from Venezia, they take a short cut home. Some *gondole* belong to rich Venetians, not for tourists." Antonio rowed down the narrow canal, past a façade with a row of ox-eye windows. They glided past other houses that were graced with flowering window-boxes, and under several bridges that were so low that Antonio had to kneel. "Now you can put your head down," he laughed. The waves reflected a strange flickering play of lights on the undersides of the bridges. The narrowness of the canal amplified the soft splashing of the oar, until they came out onto a broad waterway. Antonio let a few vessels pass before he went into the large Canal Grande. "Here is Main Street," he said. They navigated among *vaporetti*, the water buses, *motoscafi*, the Venetian taxicabs, and various freight

von Stadt fahre hier Abkurzung nach Hause. Es gebe viele *Gondola* die gehöre reiche Venezianer, sind nix fur Gäste."
Er ruderte durch den engen Kanal, vorbei an einer Fassade, die von einer Reihe runder Fenster durchzogen war. Sie glitten an anderen Fenstern vorbei, die mit Blumenkästen behangen waren, und unter manch niedriger Brücke hindurch, so dass Antonio sich hinknien musste. „Jetze kannst du einziehe Kopfe" witzelte er. Die Wellen spiegelten bizarr flirrende Lichtspiele auf die Unterseiten der Brückenbogen. Das leise Platschen von Antonios Ruder verstrākte sich leicht im Echo der senkrechten Häuserschluchten, bis sie aus den engen Wasserstraßen auf einen Platz kamen. Antonio ließ andere Gondeln passieren, bevor er die Fläche überquerte und in einen größeren Kanal steuerte, der schließlich in den Canal Grande mündete. „Diese isse Hauptstraße" erklärte er. Sie fuhren ein Stück den Kanal entlang, überholt von *Vaporetti*, den Wasserbussen, *Motoscafi*, den Wassertaxis, einigen Transportkähnen und Sightseeingbooten, als in der langgezogenen Kurve schließlich die Rialtobrücke vor ihnen auftauchte. Obwohl Antonio Roberts Gesicht von hinten nicht sehen konnte, hatte er wohl an seiner Haltung bemerkt, das dieser das Bauwerk wiedererkannte und stellte fest: „Du haste schon gesehe diese Brucke, stimmt?"
„Ja ... stimmt!" wunderte sich Robert.
„Aber du nix wisse, dass diese ist die erste Brucke uber die Canal Grande!"
„Nein" antwortet Robert ebenso beschämt über seine Unwissenheit, wie amüsiert über die Kaltschnäuzigkeit seines Führers.
„Sie war gebaut, weil Holzbrucke von fruher ist zusammegebrokke, weil zu viele Leute ware darauf gestande. Leute habe ein *Ceremonia* auf die Fluß geschaut, und dann ist Brucke eingesturzt. Jetzt ist Brucke aus Marmor, ist mehr stabil. Ist gebaut vor vierhundert Jahre." rief Antonio laut, um das Motorengeräusch eines passierenden Lastkahns zu übertönen, so dass seine Stimme unter dem hohen

barges and sightseeing boats. Finally, at a bend in the canal, the Rialto Bridge appeared before them. Although Antonio stood at the stern, he had evidently deduced from Robert's posture that he recognized the bridge.
"You have already see this bridge, yes?"
"Yes, I have," Robert answered.
"But you don't know about it, that it is the first bridge over the Canal Grande!"
"No," Robert answered, both ashamed of his ignorance and amused at his guide's subtle insolence.
"It was built to replace a wooden bridge that broke down because too many people stood on it to watch a *ceremonia*. Now the bridge is made of stone, more strong. He was build four hundred years ago." Antonio shouted the last sentence over the noise of a passing motor barge, and his voice echoed under the high vault of the bridge.
The Rialto behind them, Antonio pointed to a palace and gave its name as Palazzo Dario. "Nobody lives here for fifteen years. There is a curse, many morti in this house. It start five hundred years ago, a woman die from sadness because her husband was murdered. After, all the family die, one after the other, and nobody knows why. *Allora* a rich American buy the palazzo. But his business make *bancarotto*, money all gone. If he die, I don't know. After, in the big room, an Englishman shoot himself, and then a great poet die, he catch sick and die – *una malattia infettiva*. Then another American buy it, and they send him away, he have to leave Venezia because he make here a big bordello for *omosessuali*," Antonio laughed. "Next was a *conte* from Torino, they find him in the house killed. And then a famous man, he was manager of Ze Who, English rock band, and he die from drugs, forty-five years old. *Allora* – another new man come, and the whole family die. And *finalmente*, the last one, was a rich Italian, he had many affairs and he lose all his money, and he shoot himself too. After that, nobody want

Brückenbogen widerhallte. Kurz darauf verwies Antonio auf einen Palast, den er als Palazzo Dario bezeichnete.

„In diese Palast niemand wohne seit funfzehn Jahre. Es ist eine Fluch auf diese Palast. Viele *morte* in die Haus: Es hat angefange vor funfhundert Jahre, wo eine Frau hat gestorbe an Liebeskummer, weil man hat ihre Mann ermordet. Dann ist gestorbe die ganze Familie. Einer nach die andere und niemand wisse genau warum. Reiche Amerikaner hat dann gekauft diese Palazzo, aber seine Firma hatte gemacht Konkurse, weiß nix genau ob ist gestorbe. Eine Englander hat sich erschosse in die große Saal, und dannach eine beruhmte Dichter ist gleich gestorbe weil war Krank - *malattia infettiva*. Dann hat gekauft wieder eine Amerikaner, der man hat geschickt aus Stadt, weil hat gemacht eine große Puff fur Schwule" lachte Antonio. „Die nächste war eine Graf aus Turino, den man hat gefunde ermordet in die Haus. Beruhmte Mann, wo war Manager von die Band „The Who" war die nächste *Proprietario* und ist gestorbe mit 45 Jahre an Droge. *Allora* – es kam noch eine neue Mann von dem ist gestorbe ganze Familie, und *finalmente* war eine reiche Italiener, wo hat gehabt viele Affäre und verlore seine ganze Geld. Auch hat erschosse sich. Danach niemand wolle mehr wohne in diese *Palazzo*" beendet Antonio sein Referat und stimmte übergangslos ein fröhliches Lied an.

Antonio legte sein Gefährt an der Piazza di San Marco an, und half Robert beim Aussteigen. „Hat dir gefalle?"

„Sehr gut. Vielen Dank" lächelte Robert brav, und ließ sich die Hand von Antonio mit beiden Händen kräftig schütteln. Antonio winkte noch einmal und rief ein lautes „*Ciao*, und grusse Emilio!", als er seinen Lohn in der Hosentasche vergrub und in die Gondel zurücksprang.

Gleich wollte Robert Emilio für den Tip danken, doch der Platz, an dem dieser vorhin gesessen hatte, war leer.

to live in this *palazzo*," Antonio concluded, and in the same breath he broke into a cheerful song.

Antonio made his boat fast near St. Mark's Square and helped Robert ashore. "Did you like?"

"Very much. Thank you," Robert smiled politely, letting Antonio shake his hand thoroughly with both of his. As he pocketed his wallet with the fare and hopped back aboard his gondola, Antonio waved again and called, "*Ciao*, and *saluti* to Emilio!"

Robert's first thought was to thank Emilio for the recommendation, but the artist was no longer there.

Seinem Ziel schon recht nahe, bemerkte Robert am anderen
Ende einer Seitengasse das schlichte Heck einer Gondel. Ein wenig irritiert blickte er auf die Karte.

Now near his destination, Robert spied the slender poop of a gondola at the far end of a side street.
Slightly irritated, he looked at the map.

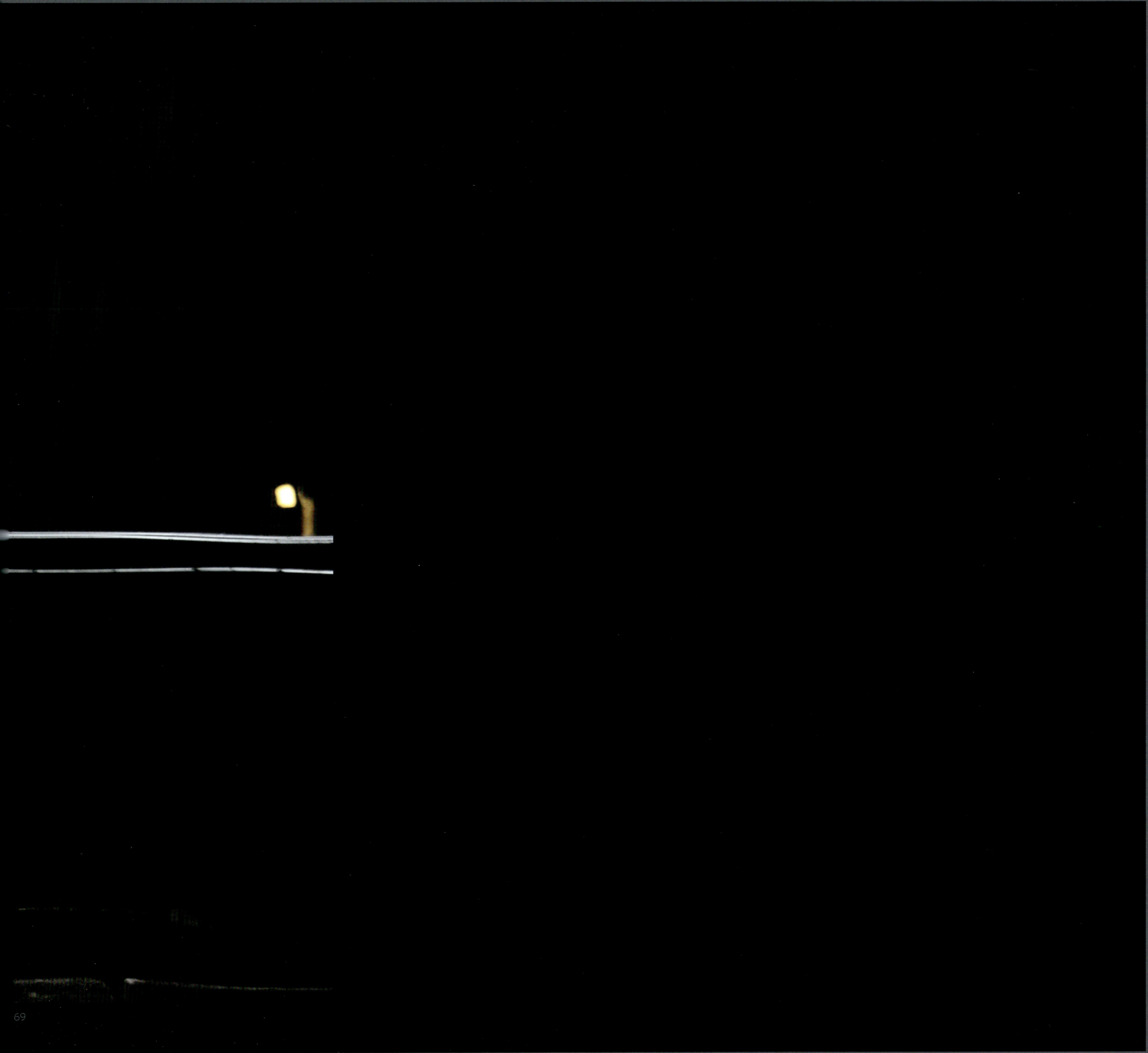

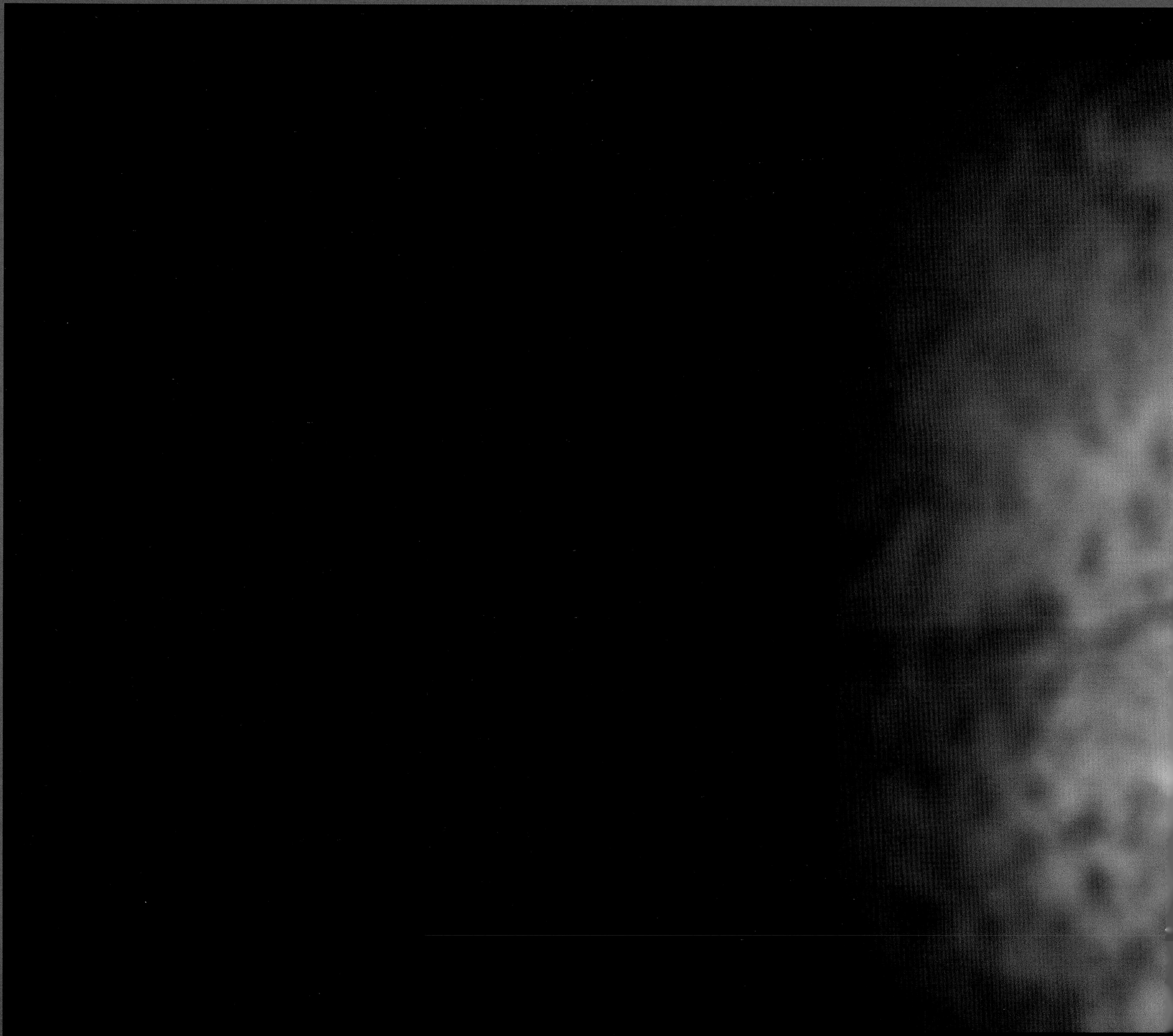

Im Vorübergehen musterte Robert einen Gondoliere, der auf einer Brücke auf Kundschaft wartete, aber nicht Antonio sein konnte, denn dieser hatte keine Blumen bei sich.

As he went by, Robert examined a gondolier who stood by a bridge waiting for a fare, but the man couldn't have been Antonio since he had no flowers with him.

GLASS SOUVENIR

ARCHIVIO DI STATO
DI VENEZIA

Gerade wollte Robert die beiden Männer von vorne in Augenschein nehmen, da entdeckte er einen dritten Mann in schwarz-weiß gestreiftem T-Shirt und Strohhut, der abseits auf einem Brückengeländer saß und einen kleinen Blumenstrauß in den Händen hielt.

He was just about to move around the square to have a look at them from the front when he saw a third man in a black-and-white striped shirt with a straw hat, sitting on the railing of a bridge, and holding a small bouquet in his hand.

GO
UE
PER RIALTO

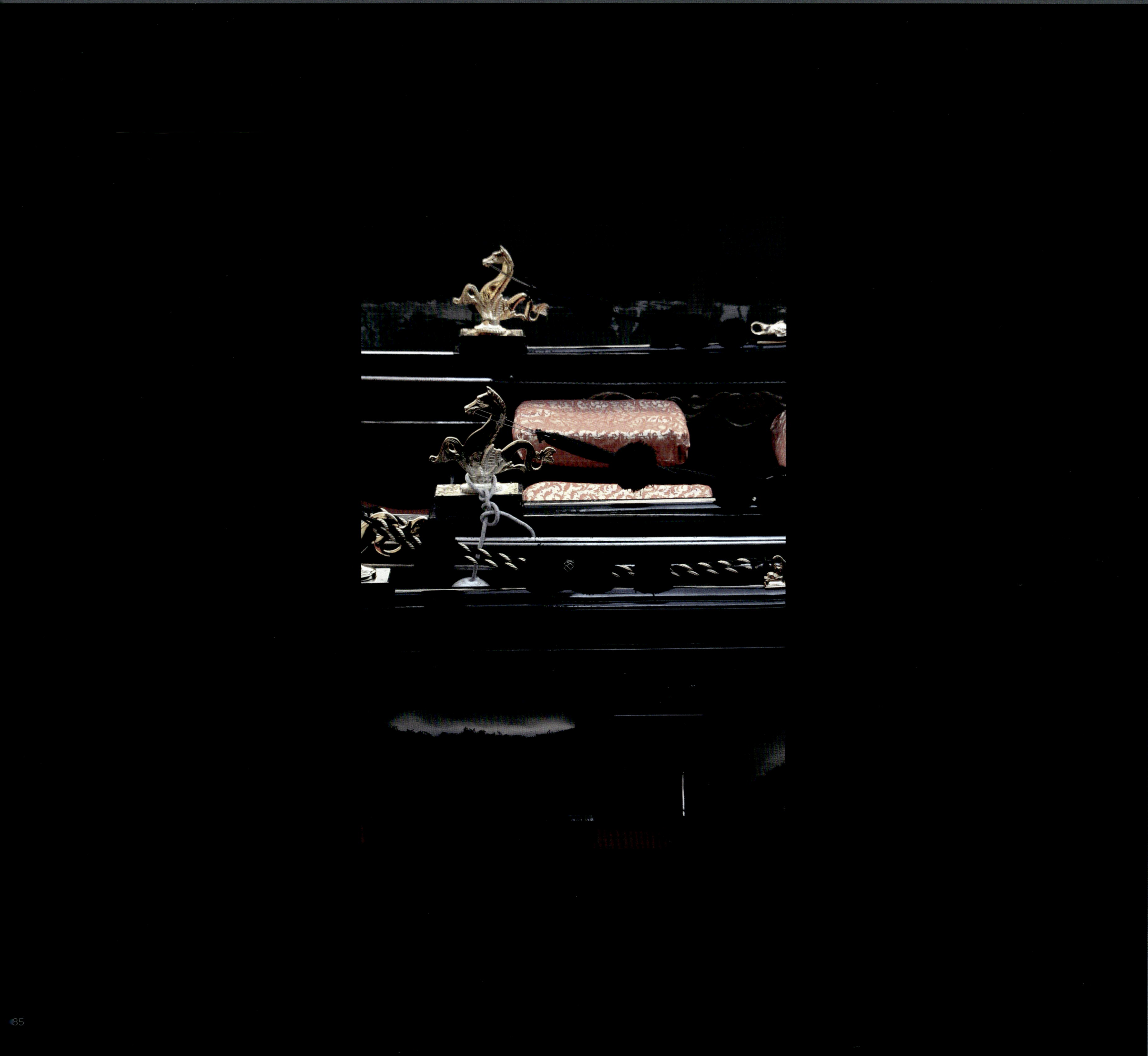

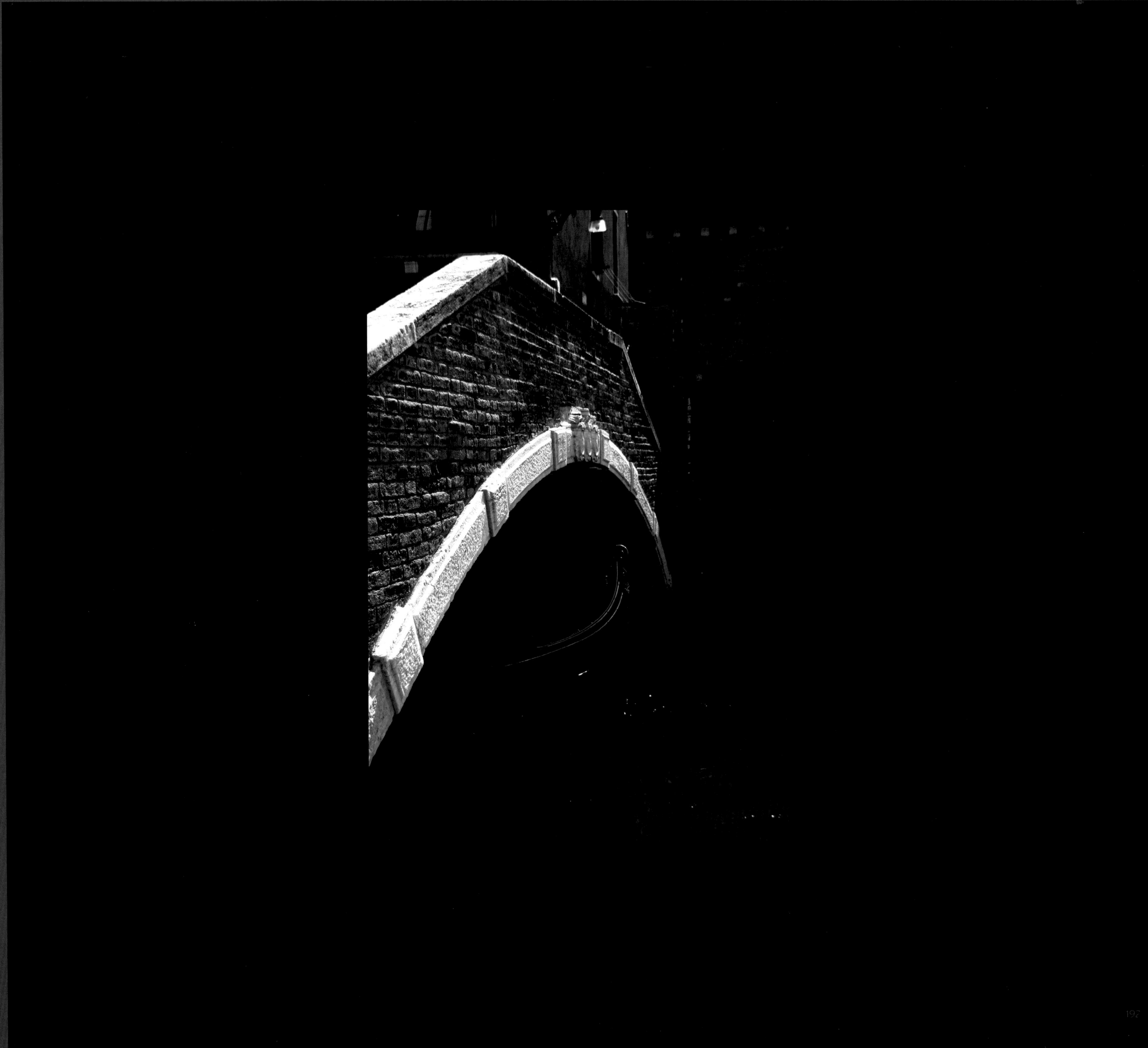

DORSODURO

Emilios Auszeit

EMILIO'S LUNCH BREAK

Alle Tische unter den hellen Sonnensegeln waren frei. Emilio liess sich auf einen Stuhl sinken und lehnte seine Staffelei an die Hauswand. Entspannt streckte er die Beine von sich, sah über den leeren Campo San Sebastiano und wartete auf Donatella, die Wirtin seiner abseits gelegenen Lieblings-Trattoria, die er schon viel zu lange nicht mehr aufgesucht hatte.

All the tables under the white sunshades were free. Emilio dropped himself onto a chair and leaned his easel against the wall. He stretched his legs and looked out over the deserted Campo San Sebastiano, and waited for Donatella, the landlord of his favourite trattoria. He had gone much too long without coming here.

Er genoss die Ruhe. Schon der Weg hierher war beruhigend gewesen. Nachdem er die Akademikerbrücke nach Dorsoduro überquert hatte, war er am Ufer des Canale della Giudecca entlanggegangen, und hatte sich von der Weite des Flusses und der Leere der Trottoirs einfangen lassen. Die Touristen, die wieder einmal alle um Pietros Staffelei gestanden waren, hatte er im Besuchergetümmel zurückgelassen. Er fühlte sich so befreit, dass er den kleinen Umweg über die Fondamenta Nani genommen hatte. Von dort konnte man einen Blick auf das kunstvolle Handwerk in der Gondelwerft am gegenüberliegenden Ufer werfen. Der kleine Schleichweg durch den grünen Park hinter der nächsten Brücke hatte ihn zurück zum weiten Ufer geführt, bis er über die Fondamenta San Basegio hierher gelangt war.

„*Ciao Bello!*" vernahm er hinter sich die vertraute, kratzige Stimme Donatellas. Die voluminöse Frau stand in der schmalen Türe und breitete auffordernd ihre Arme aus.

„Donatella! *Come stai?*" Freudig sprang er auf und ließ sich von ihren kräftigen Armen an die Brust drücken.

„Wir haben uns lange nicht gesehen, Emilio! Wo bist du gewesen?" fragte sie neugierig.

„Ach, viel Arbeit und wenig Zeit."

„Geht es dir nicht gut?" fragte sie und fuhr fort, ohne seine Antwort abzuwarten: „Mager siehst du aus! Ich habe heute etwas sehr Köstliches für dich, damit du wieder etwas auf die Rippen bekommst!" strahlte sie und kniff ihm in die Wange. „Guiseppe!" schallte ihr kräftiges Organ durch die geöffnete Türe. „Rate wer da ist? Emilio! Mach ihm ein *Ragu di bacalà*, in Ordnung?"

„*Ciao Emilio! Subito!*", tönte es von drinnen.

„Etwas ist mit dir..." fuhr Donatella fort. Du siehst betrübt aus.

„Ach Donatella... Mir geht es eigentlich gut, aber vielleicht ist es wegen des Mädchens."

He savoured the calm and the quiet. Even the walk here had been relaxing. After crossing the Academy Bridge to the borough of Dorsoduro, he had followed the bank of the Canale della Giudecca, enjoying the broad expanse of water and the deserted quay. He had left the tourists behind, crowded around his colleague Pietro. Emilio had felt so liberated that he had taken a small detour along the Fondamenta Nani to watch the people building gondolas in the boatyard across the canal. After crossing a bridge, a short cut through a little green park brought him back to the broad waterway, which had led him to the Fondamenta San Basegio and then here.

"*Ciao bello,*" he heard Donatella's scratchy voice call behind him. The chubby woman stood in the narrow doorway, spreading her arms in invitation.

"Donatella! *Come stai*?" Joyfully, Emilio jumped up and let her strong arms press him to her breast.

"I haven't seen you for a long time, Emilio! Where have you been?" she asked eagerly.

"Ah, too much work, and too little time."

"Are you unhappy?" she asked, and went on without waiting for an answer: "You look thin! I have something delicious for you today, something that will stick to your ribs," she beamed, and pinched his cheek. "Guiseppe!" Her powerful voice echoed through the restaurant. "Guess who's here: Emilio! Make him a *ragù di bacalà*, will you?"

"*Ciao, Emilio! Subito*," came the response from inside.

"Something's bothering you," Donatella continued. "You look worried."

"Oh, Donatella... I'm fine really, but maybe it's because of that girl..."

"Where is the *puttanella* who's getting you down?" Donatella hissed, and she put up her fists as if to defend Emilio against all the demons of Hell.

"No, no. Not a woman," Emilio pacified her. "My little neighbour girl, Francesca. I'm sure I've told you about her, remember? She's been missing for about two weeks."

„Wo ist diese *Puttanella*, die dir so zusetzt?“ fauchte sie und ballte lachend die Fäuste, in der Absicht Emilio gegen alle bösen Dämonen dieser Welt zu verteidigen.

„Nein, nein. Keine Frau. Es geht um meine kleine Nachbarin. Francesca. Ich habe dir bestimmt von ihr erzählt, erinnerst du dich?“ fragte Emilio. „Sie ist seit etwa zwei Wochen verschwunden.“

„*Sant'Iddio!* Das Mädchen ist deine Nachbarin? Ich habe sogar hier in Dorsoduro davon gehört. Eine schlimme Sache. Weißt du etwas Neues?“ fragte sie besorgt und schob dabei den Stuhl für Emilio zurecht, damit er sich setzen sollte.

„Nein. Sie ist verschwunden. Die Polizei war bei den Eltern. Das ist alles. Was sonst darüber erzählt wird, sind nur Gerüchte.“

„Aber die Polizei hat einen Kanal bei Euch in der Nähe abgesucht, sagt man“.

„Ja, aber keiner weiß, ob das etwas mit der Sache zu tun hat. Du weißt doch, wie die Leute sind: Kaum sehen sie irgendwo eine Uniform, erzählen sie die abenteuerlichsten Geschichten, die sie sich zusammenreimen.“ sagte Emilio verärgert.

„Ja, du hast recht. Und ich bin froh, dass du nicht so bist. Du kannst immer zu mir kommen, wenn du Kummer hast, das weißt du! ... Komm, trink etwas, ich bringe dir Wasser und ein Glas Wein.“ sagte sie und verschwand in der Türe.

Emilio fühlte sich auf einmal seltsam behütet und irgendwie erleichtert. Er lehnte sich zurück, ließ seinen Blick über den Platz zu den beiden Touristen wandern, die sich wohl verlaufen haben mussten und sich nun auf einer Stufe ausruhten. Ein Kind kam mit einem Fahrrad über den Platz. Wohlwollend sah er ihm zu. In Venedig gab es kaum Radfahrer, denn die vielen Treppenstufen über die Brücken machten es zu einem nahezu nutzlosen Fortbewegungsmittel. Er betrachtete den Rücken der Statue auf dem fernen First des Kirchendaches von San Sebastiano und zeichnete im Geiste die Konturen der umliegenden Häuser der Campo de l'Anzolo Rafael nach. Wein und Stockfisch würden wie immer fantastisch schmecken...

“*Sant'iddio!* That girl is your neighbour? I heard about that, even here in Dorsoduro. Terrible! Do they know anything?” She adjusted Emilio's chair for him to sit down again.

“No,” he answered. “She has disappeared without a trace. The police talked to her parents. That's all. Everything else people are saying about it is just rumours.”

“But the police searched a canal near your house, they said.”

“Yes, that's true, but nobody even knows if that has anything to do with it. You know how people are: all they have to do is see a uniform somewhere, and they'll tell whatever outrageous story they can think up,” Emilio said bitterly.

“Yes, you're right about that. And I'm glad you're not like that. You can always come to me when something's troubling you, you know that! Come, have a drink, I'll bring you water and a glass of wine,” she said, and vanished inside.

Emilio felt somehow relieved. Donatella had managed to make him feel strangely protected. He leaned back, let his gaze drift across the square: two tourists who must have made a wrong turn somewhere were resting on a step; a child rode a bicycle across the square – a rare sight in Venice, since the many stairs at the bridges made bicycles practically useless as a means of transport. Raising his eyes, Emilio saw the back of a statue atop St. Sebastian's Church, and in his mind he conjured up the outline of the nearby Church of the Archangel Raphael. The wine and stockfish would be fantastic, as ever...

Er fühlte sich so befreit, dass er den kleinen Umweg über die Fondamenta Nani genommen hatte. Von dort konnte man einen Blick auf das kunstvolle Handwerk in der Gondelwerft am gegenüberliegenden Ufer werfen.

Emilio had felt so liberated that he had taken a small detour along the Fondamenta Nani. The walk along the bank there offered a view of the artisans building gondolas in the boatyard across the canal.

FONDA

INSTAVRATVM
ANNO DOMINI
M·D·XLVIII

SECRATVM FVIT ANNO
DOMINI M·D

„Es geht um meine kleine Nachbarin. Francesca. Ich habe dir bestimmt von ihr erzählt, erinnerst du dich?“ fragte Emilio. „Sie ist seit etwa zwei Wochen verschwunden.“

"It's about my little neighbour girl, Francesca. I'm sure I've told you about her, remember? She disappeared about two weeks ago."

1721

CAMPO DE
L'ANZOLO
RAFAEL

SALIZADA DE

IM DOGENPALAST

DOGE'S PALACE

Auf den Spuren von Sarah

FOLLOWING SARAH'S FOOTSTEPS

Robert stand an der Stelle, an der er sich am Vortag von Emilio verabschiedet hatte. Das Wetter schien unverändert wechselhaft. Er löste seinen Blick vom Himmel und liess ihn noch einmal über die in Reihe angeordneten Stände der Strassenmaler gleiten. Emilio war nicht da.

Robert stood where he had taken leave of Emilio the previous day. He watched the sky: the weather would remain inconstant today. He had another look along the row of street artists' stands, but Emilio wasn't there.

Vor dem Dogenpalast war die Warteschlange heute kürzer als gestern. Emilio hatte sich mit seiner Empfehlung in Sachen Gondelfahrt als guter Berater erwiesen und außerdem die Besichtigung des Palastes empfohlen. Also stellte sich Robert in die Schlange, überflog noch einmal die Beschreibung in seinem Reiseführer und versuchte, sich ein paar grundlegende Daten einzuprägen. Als er den Innenhof betrat, fiel sein erster Blick auf das gegenüberliegende Gebäude. Eine Bauplane verhüllte die Fassade und schuf eine ruhige Fläche, so dass sich die Figuren am vorspringenden Gebäudetrakt wie auf einem Bild von Emilio abzuheben schienen.

Während die Mehrzahl der Besucher in das Zentrum der Freifläche strömte, blieb Robert unter den Arkaden und umrundete den Hof hinter zahlreichen Säulen, die zwischendurch den Blick auf hunderte von Rundbögen freigaben. Der geschnitzte Marmor, der die Portale verzierte, war an vielen Stellen gerissen und mit grauen Ablagerungen bedeckt. Rinnsale von Regenwasser hatten überall mit schwarzen Schlieren die Pracht überzogen. Emilio würde es genau so, mit all den Makeln malen. „Die Wirklichkeit" würde er es nennen. Robert stieg über eine große Freitreppe hinauf in das obere Stockwerk. Mars und Neptun, welche die Herrschaft Venedigs zu Land und Wasser symbolisierten, flankierten als überlebensgroße Statuen das obere Plateau der „Treppe der Giganten". Die umlaufende Loggia war mit ebenso vielen Säulen wie im Erdgeschoss bestückt, jedoch waren die verbindenden Bögen hier spitz geformt. Er folgte den Anweisungen des Audioguides und gelangte im Inneren des Gebäudes weiter hinauf, um sich schließlich durch große und riesige Säle mit prunkvollen Gemälden an den Wänden leiten zu lassen. Die Stimme aus dem Audioguide berichtete unablässig die Geschichte der Dogen, von Architektur und Malerei sowie von deren berühmten Erschaffern und überforderte schnell seine Aufnahmefähigkeit...

Sarah würde ihm alles viel besser erklärt haben. Sie hätte die wesentlichen Dinge in knappen Sätzen zusammenfassen und Interessantes für ihn selektieren können. Während er durch die Säle schlich, stellte er sich vor, wie sie mit glänzenden Augen hier und dort hingezeigt, sich auf Zehenspitzen zu seinem Ohr gestreckt und ihn flüsternd auf unmerkliche Details in den Gemälden hingewiesen hätte. Dann würde sie ihn bei der Hand genommen und voller Begeisterung in

The queue in front of the Doge's Palace was shorter than it had been the day before. Since Emilio had recommended seeing the palace, and since his recommendation of Antonio's gondola tour had been a good one, Robert joined the queue and skimmed over the description of the palace in his guidebook, trying to memorize a few dates. When he entered the courtyard of the palace, he noticed a shrouded scaffolding that formed a smooth backdrop to the statuary of the lateral wing, as if in one of Emilio's drawings.

While most of the tourists flowed to the middle of the courtyard, Robert walked under the arcades, discovering a new perspective framed by pillars in each of the countless semicircular arches. The carved marble ornamentation of the portals was cracked in many places, and covered with grey deposits. Rainwater had left black smears on the sumptuous works of art. Emilio would have drawn it exactly that way, with spots and all. "What's really there," he'd call it. The Giants' Stair, adorned with oversized statues of Mars and Neptune symbolizing Venice's dominion over land and water, brought Robert to the first floor. The arcades there matched those of the ground floor, except that the arches were pointed.

Following the instructions of the audio guide he had obtained at the entrance, Robert went up another flight and wandered through huge halls with opulent paintings on the walls. The voice of his audio guide continuously recited the history of the Doges, provided extensive information on the architecture and the paintings, and mentioned countless artists, so that Robert's concentration was soon overtaxed...

Sarah would have explained everything much better. She would have summarized the essentials in a few brief sentences, selecting the details that would interest him. As he made his way through the rooms, Robert imagined how she would have pointed here and there, her eyes shining; how she would have stretched on tiptoe to whisper in his ear about details of the paintings. She would have taken his hand and pulled him to the next room in her enthusiasm. For a moment, the memory of Sarah brought the beginning of a smile to his lips, until the uneasiness that followed made him press his audio guide still tighter against his ear, even though he had long since stopped following the recorded monologue. With the back of his hand, he wiped away the tears that he couldn't hold back.

den nächsten Raum gezogen haben. Die Erinnerung an sie hatte kurzzeitig den Anflug eines Lächelns auf seine Lippen gemalt, bevor ihn eine sogleich aufkommende Beklommenheit veranlasste, seinen Audioguide noch stärker an sein Ohr zu pressen, auch wenn er dem Monolog des Sprechers schon lange nicht mehr folgte. Er wischte sich mit dem Handrücken die nicht zu unterdrückenden Tränen aus den Augen.

Erst als er einen riesigen Saal durch eine kaum wahrnehmbare Tür in der Ecke verließ, gewannen die Eindrücke wieder überhand und Robert seine Selbstkontrolle zurück. Aus seinem Dämmerzustand erwachend betrat er einen kleinen, kargen Raum. Die Atmosphäre war düster, kalt und bedrohlich. Neugierig geworden durch den unmittelbaren Kontrast zwischen den prunkvollen Sälen und den kargen Gefängniszellen an denen er nun vorbei schritt, begann Robert wieder der Stimme des Audioguides zu lauschen: Die Zellen im oberen Stock lagen unter einem Bleidach und hatten einst viele der Gefangenen mit unerträglicher Hitze der Sommermonate, die sich in den Kammern staute, zu Tode gequält. Angeblich war einzig dem berühmten Casanova die Flucht aus dem Verließ gelungen. Im unteren Teil des Kerkers, der auch *Pozzi* - die Brunnen - genannt wurde, waren die Zellen hingegen feucht und kalt gewesen und bei Hochwasser regelmäßig überschwemmt worden. Sarah hätte ihn jetzt aufgemuntert. Vermutlich hätte sie ihn gekniffen und eine amüsante Bemerkung gemacht, welche die bedrückende Wirkung der Räume abgemildert, und ihn an sein Glück mit ihr erinnert hätte.

Verzerrt durch die alten, verzogenen Scheiben eines Fensters, sah er im nächsten Augenblick das Bauwerk, durch das einst Verurteilte vom Gerichtssaal direkt in den neueren Gefängnistrakt auf der anderen Seite des Kanals geführt worden waren. Die Seufzerbrücke war in der Mitte in zwei Gänge geteilt, um seinerzeit Verurteilte von Angeklagten auf ihren Wegen voneinander abzuschirmen. Durch die kleinen Luken konnte Robert auf das Ufer des Canale di San Marco sehen. Sein Seufzen hatte wohl den gleichen, wenn auch nicht so dramatischen Hintergrund, wie das Seufzen der Gefangenen, für die dieser Blick in die Freiheit ihr letzter gewesen sein sollte: Endgültigkeit.

He only recovered his self-control after he had left the great hall through a small door in a corner. As if awakening from a daydream, he found himself in a bare little room with a dark, cold and hostile atmosphere that was radically different from that in the magnificent halls he had just left. Suddenly aware that he was in a former jail, he began listening to the voice of his audio guide once again with curiosity. The cells on the upper floor were under a leaded roof, and the unbearable heat during the summer months had once brought a miserable death to many of the prisoners. By contrast, the lower level of the prison was cold, damp and regularly flooded, so that it used to be called "the well." The famous Casanova was the only prisoner who had ever escaped from this jail, the audio guide said. Sarah would have been able to cheer him up even here. No doubt she would have pinched him and made an amusing remark that would have alleviated the oppressive atmosphere of the place, and reminded Robert how happy he was with her.

The next moment, he saw through the old, warped panes of a window the distorted image of the Bridge of Sighs, through which the prisoners had once been led from the courtroom to the prison tract on the other side of the canal. The covered bridge was divided down the middle into two passageways to isolate the accused, going to face the judge, from the convicted prisoners, going back to jail. Robert's situation was of course far less dramatic than that of yesterday's convicts, who had sighed here as they looked their last on freedom, but his sighs too were those of a farewell that seemed final.

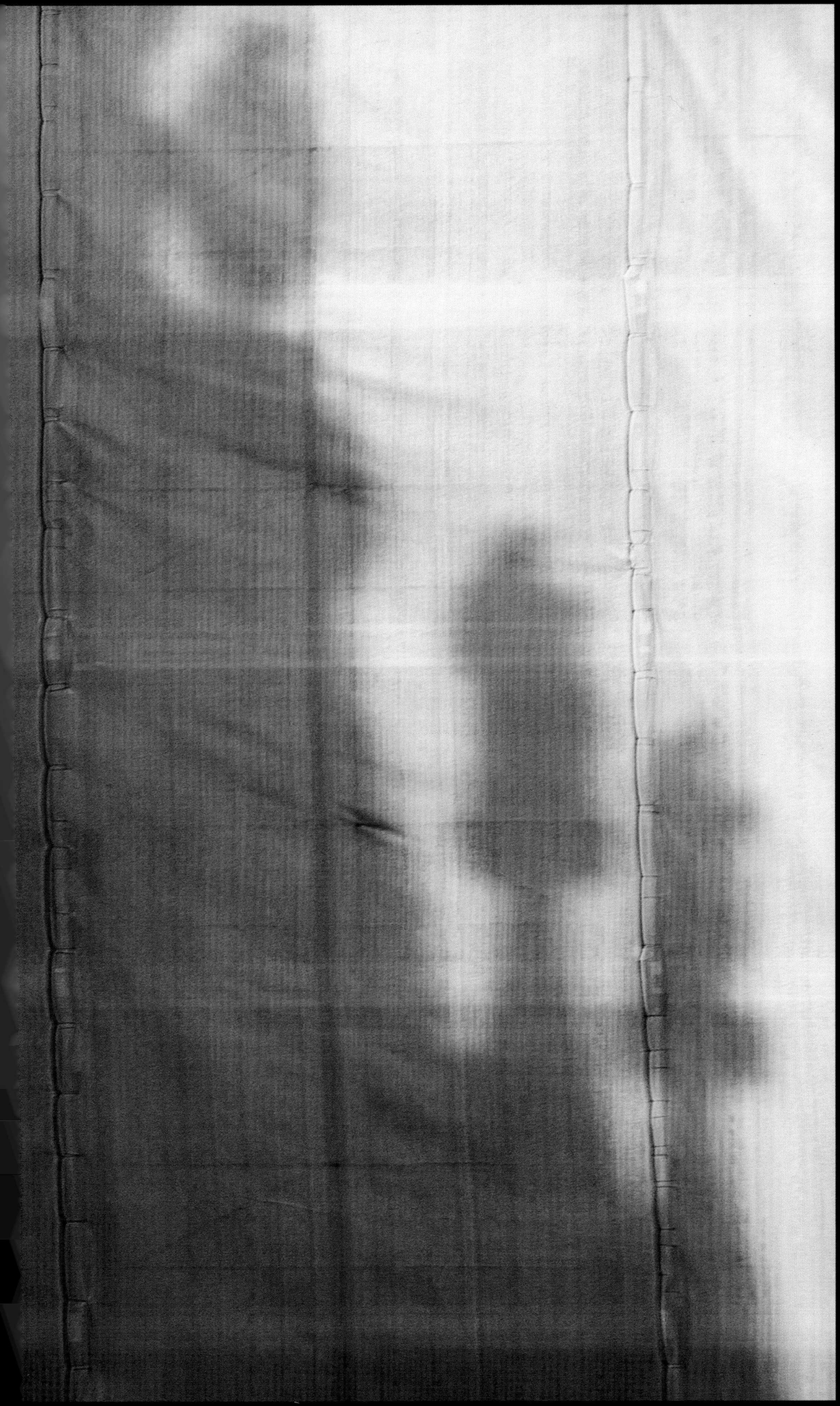

Eine Bauplane verhüllte die Fassade
und schuf eine ruhige Fläche, so dass sich die Figuren
am vorspringenden Gebäudetrakt wie auf einem Bild von
Emilio abzuheben schienen.

The façade was veiled behind covered scaffolding,
forming a smooth background, so that the statuary adorning the nearer
wing of the building seemed to jump forward, as if in one of Emilio's drawings.

Der geschnitzte Marmor, der die Portale verzierte, war an vielen Stellen gerissen und mit grauen Ablagerungen bedeckt. Emilio würde es genau so, mit all den Makeln malen. „Die Wirklichkeit" würde er es nennen.

The carved marble ornamentation of the arches was cracked in many places, and covered with grey deposits. Emilio would have drawn it exactly that way, with spots and all. "What's really there," he'd call it.

Verzerrt durch die alten, verzogenen Scheiben eines Fensters,
sah er im nächsten Augenblick das Bauwerk, durch das einst Verurteilte vom Gerichtssaal direkt in
den neueren Gefängnistrakt auf der anderen Seite des Kanals geführt worden waren.

The next moment, Robert saw through the old, warped panes of a window the
distorted image of the building through which the prisoners had once been led from the courtroom
to the new prison tract on the other side of the canal.

DURCH DIE GASSEN

THROUGH THE ALLEYS

In stillem Einverständnis

A TACIT UNDERSTANDING

Roberts Unbehagen fiel erst von ihm ab, als er den Dogenpalast verliess und überraschend Emilio erblickte, der gerade seine Sachen zusammenpackte. Freudig eilte er zu ihm hinüber, blieb wortlos vor ihm stehen und brachte sogar ein leichtes Strahlen zustande.

Robert's unease lifted only when, upon leaving the Doge's Palace, he suddenly saw Emilio who was just packing up his things. He hurried over to the artist eagerly, stood before him without saying a word, and managed a smile.

„*Ciao* Robert!" sagte Emilio freundlich, als er ihn erblickte, und reichte ihm die Hand.
„Hallo!"
„Wie geht es dir?" fragte Emilio „Hast du die Tour mit Antonio gemacht?"
„Ja. ... ich soll Sie grüßen!"
„Nein, nein. Ich bin Emilio, wie ich schon sagte. Du musst DU zu mir sagen!" protestierte Emilio. „Wie hat dir die Gondelfahrt gefallen?"
„Gut!" sagte Robert knapp.
Emilio, erwiderte nichts und sah ihn stattdessen erwartungsvoll an.
„Es hat Spaß gemacht." fügte Robert zögerlich hinzu.
Emilio lächelte. „Hast du Hunger?"
„Ja".
„Die Leute haben heute keinen Sinn für Kunst, sie sind nur an den Masken interessiert." sagte Emilio und zeigte hinüber zu einer Bühne, die mitten auf dem Markusplatz aufgebaut war. Jetzt bemerkte auch Robert das Podest und die maskierten Schauspieler, die den Gewändern nach zu Urteilen, gerade ein historisches Stück probten.
Emilio hatte seine Tasche geschultert und die Staffelei unter den Arm geklemmt, ging ein paar Schritte und vergewisserte sich kurz zurückblickend, dass Robert ihm folgte. Die theatralische Dialoge, welche von der Bühne in den grauen Himmel schallten, waren noch immer zu hören, als sie hinter dem Dogenpalast auf die Uferpromenade traten. Weitere Maskierte tauchten auf, die den Beginn des Karnevals ankündigten. Mit ausladenden Dreispitz-Hüten auf dem Kopf und Masken, welche nur die Augen verdeckten, trugen sie reich bestickte Gewänder zur Schau. Unter den Arkaden ließ sich ein Mann das Gesicht weiß schminken. Menschen hielten sich an den Händen und tanzten vorüber.

"*Ciao* Robert," Emilio greeted him cheerfully, and extended his hand.
"Hello!"
"How are you? Did you take the tour with Antonio?"
"Yes, sir... He sends his greetings."
"What do you mean, 'Sir'? Just call me Emilio. How did you like it in the gondola?"
"Fine," said Robert. As Emilio continued to look at him expectantly, he added hesitantly, "It was great fun."
Emilio smiled and asked, "Are you hungry?"
"Yes."
"The people have no interest in art today. They are only interested in the masks," Emilio said, pointing toward a stage that had been set up in the middle of St. Mark's Square. Now Robert noticed the platform too, and the masked actors who, to judge by their costumes, were rehearsing a historical play.
Emilio had shouldered his bag and taken his easel under his arm. He took a few steps and looked back to make sure Robert was following him. The actors' dialogue, trumpeted from the stage into the grey sky, was still audible as the two men turned the corner of the Doge's Palace and walked along the quay. More masked figures passed on their way to the square, announcing the beginning of the carnival. Some were wearing tricorns and richly embroidered cloaks, others just half masks. Under the arcades, a man was having his face painted white. People danced by, holding each other's hands. Emilio stopped near the water and watched the procession approaching. A band went by, followed by squires and knights in chainmail, noblemen, and young ladies dressed like princesses.
"Tomorrow it really gets underway," Emilio explained, and he turned down one of the alleys near Robert's hotel. They made a few more turns, and Emilio pointed

Emilio blieb am Rand der Uferbefestigung stehen und sie beobachteten den herannahenden Festzug. Eine Musikkapelle zog vorbei, gefolgt von Rittern in Kettenhemden, Knappen, Edelmännern und jungen Frauen, die wie Prinzessinnen gekleidet waren.

„Morgen geht es richtig los..." erklärte Emilio und bog in eine der Gassen ab, die ganz in der Nähe von Roberts Hotel sein musste. Sie gingen um einige Ecken und hin und wieder deutete Emilio auf Kirchen und Plätze, die hinter den schmalen Spalten der Häuserschluchten nur zu erahnen waren. Er durchquerte mit Robert Straße um Straße, niedrige Passagen, schlichte Höfe und solche, die marode Statuen zwischen ergrauten Säulen ausstellten und führte ihn an zahlreichen Kanälen entlang und über Brücken hinweg. In einer Ladenstraße blieb Emilio an einem Schaufenster stehen.

„Altes venezianisches Handwerk" sagte er mehr zu sich selbst als erklärend, und betrachtete nachdenklich die Antiquitäten aus Metallguss und die feinen Schnitzarbeiten. Unter einem Schild auf dem *Cartoleria* zu lesen war, wurden Papiere mit Schlieren in allen Farben präsentiert.

„Marmorpapier, handgeschöpft" erklärte Emilio knapp.

Es gab Mode, Lederwaren, Murano-Glas und Souvenirs in den Auslagen der geöffneten Läden zu sehen, viele andere Geschäfte hatten ihre Rollläden heruntergelassen.

Robert blickte auf seinen Stadtplan, als sie an einer Ecke abbogen.

„Es ist schwierig, sich in Venedig zurechtzufinden." sagte Emilio. „Eine Karte hilft. Aber wenn du eine Adresse suchst, bist du verloren. Adressen bestehen hier nur aus dem Namen des *Sestiere* und einer Hausnummer. Es gibt kein System. Selbst wir Venezianer müssen uns durchfragen. Weisst du was ein *Sestiere* ist?"

„Nein."

„*Sestieri* bedeutet Sechstel. Wir nennen die Viertel so, weil Venedig aus sechs Stadtteilen besteht."

Emilio lenkte seine Schritte weiter durch das Straßennetz und deutete dabei auf Madonnenfiguren und Löwenköpfe an Hauswänden. Er wies auf gemauerte Bögen, die Häuser miteinander verbanden. Eine türkisfarbene Stoffrüsche schmückte ein rostiges, schmiedeeisernes Fenstergitter. Robert wunderte sich, dass Emilio auf manch unspektakuläres Detail zeigte. Ein rostiges Emaille-Schild

from time to time at churches and squares that were visible for just an instant through narrow gaps at the ends of the alleys. He led Robert across the maze of alleys, through low passageways, across various squares, sometimes austere, sometimes adorned with columns and decaying statues, along canals and over bridges. They eventually stopped in front of a window display in a street lined with shops. "Old Venetian handicrafts," Emilio said, more to himself than for Robert's benefit, as he contemplated the antique metalwork and fine woodcarving behind the window. Another shop with a sign that read "*Cartoleria*" presented paper in streaked patterns of every imaginable colour. "Marbled paper, handmade," Emilio explained briefly. Boutiques exhibited clothes, leather goods, Murano glass, and souvenirs, but many shops had their metal blinds rolled down.

Robert looked at his map as they turned another corner. "It's not easy to find your way around in Venice," Emilio admitted. "A map is good, but when you need to find an address, forget it! The addresses here don't have a street name, just the name of the *sestiere* and the house number. There is no system. Even we, the Venetians, have to ask people. By the way, do you know what I mean by *sestiere*?"

"No," Robert answered.

"*Sestiere* means 'a sixth'. The city is divided into six districts, so we don't call then 'quarters', but *sestieri*."

They went on through the tangle of streets, Emilio pointing out sculptures of the Madonna and lion's heads that adorned façades, indicating stone arches that connected houses across the alleys, and a wrought iron window grating decorated with a turquoise-coloured ruffle. Robert was surprised at some of the unspectacular details that Emilio called to his attention: he pointed at clotheslines, a rusty enamelled sign indicating the way to a hospital, shrines to patron saints nestled in the façades, downspouts wrapped around the corners of houses or arching around the wrought iron anchors holding the houses together. Oval windows were framed with decorative stucco, a tree wrapped its knotty branches around a gatepost, Byzantine lanterns beside a doorway bore witness to Venice's oriental influences, the mouth of a gargoyle fed a metal pipe that sloped down to a dented rain gutter. Still silent, Emilio pointed out bronze doorbell buttons shaped like lions' heads and brass doorknobs in the shape of busts, their details worn

wies den Weg zu einem Krankenhaus. Wand-Altare schmiegten sich in die Fassaden, Wäscheleinen präsentierten Reihen trocknender Weißwäsche, Dachrinnen wanden sich um Hausecken und um schräg angebrachte Eisenstangen, die an vielen Fassaden zu sehen waren.

„Das sind Klammern, um die Häuser zusammenzuhalten." erklärte Emilio.

Ovale Fenster ergänzten Stuckverzierungen, ein Baum umarmte mit seinen knorrigen Ästen einen Torpfosten während byzantinische Laternen vor einem Hauseingang auf Venedigs orientalische Einflüsse verwiesen. Aus dem Mund eines Wasserspeiers führte ein schräges Rohr zu einer verbeulten Dachrinne. Emilio zeigte Robert wortlos Klingelknöpfe, die aus bronzenen Löwenmäulern hervorstanden und Türknauf-Büsten aus Messing, die aufgrund jahrhundertelanger Benutzung ihre Kanten und scharfen Konturen eingebüsst hatten. Robert genoss den kleinen Einblick in Emilios Welt.

Schließlich gelangten sie an einen kleinen Platz und gingen auf ein Haus zu, von dessen Fassade der Putz bröckelte. Schummriges Licht fiel durch eine Glastür, und nichts deutete darauf hin, dass sich hinter dem Eingang ein Lokal verbarg.

„Wir sind da" sagte Emilio und öffnete die Tür.

Ein älterer Herr fegte Sägespäne zusammen, die den Fußboden des Lokals bedeckten.

„*Ciao, Emilio! Come stai?*" sagte der Mann strahlend. Er wechselte kurz ein paar Worte mit Emilio und wies ihm dann einen der drei runden Tische zu. In dem kleinen Raum gab es außerdem noch etwa zwölf ungleiche Stühle, fünf Barhocker, die Theke und ein paar Weinregale. Eine kleine Türe hinter dem Tresen führte vermutlich in die Küche.

„*Questo è Robert.*" sagte Emilio, seine Hand auf Roberts Schulter legend, woraufhin der Mann ihm freundlich zuwinkte und sich dann wieder seiner Kehrtätigkeit widmete.

Emilio stellte seine Malutensilien samt Klapphocker und Staffelei neben den Tisch vor dem kleinen Fenster.

„Wir sind ein bisschen früh. Vielleicht müssen wir ein wenig warten. Ich bestelle etwas für uns. Magst du Fisch? Trinkst du Wein?" sagte Emilio und sprach gleich darauf noch ein paar Worte mit dem Wirt, nachdem Robert beide Male zustimmend genickt hatte.

away by centuries of use. Robert greatly enjoyed this little tour of Emilio's world.

Finally, they came to a little square and headed to a plain house with a façade of crumbling plaster, but no sign to indicate a name or a business. A damped light shone from the open door. "We're here," said Emilio, and went inside. Robert followed.

An elderly man was sweeping up sawdust that covered the floor. "*Ciao, Emilio! Come stai?*" the man asked, beaming. He exchanged a few words with Emilio and pointed toward one of the three round tables. The room also contained a bar, a dozen different chairs, five tall stools, and a few wine racks. A small door behind the bar apparently led to the kitchen.

"*Questo è Robert,*" Emilio announced, laying his hand on Robert's shoulder. Their host gave him a friendly wave and went on with his sweeping. Emilio put down his bag, his easel and his folding stool next to the table in front of the window.

"We're a little early. We may have to wait. I'll order us something. Do you like fish? Do you drink wine?" Emilio asked, and registering Robert's nods, he said a few words to the landlord.

"How do you like Venice?" Emilio asked.

"I don't know... quite well," Robert answered hesitantly.

"Why are you here?"

"I'm on holiday."

"No, I don't mean that. You're not here because you're interested in Venice, are you?"

Robert blushed slightly and said, "Actually, my girlfriend wanted to show me the city..." He trailed off.

"And instead you're here alone," said Emilio, raising his eyebrows inquisitively.

"Exactly."

After a pause that seemed endless, Emilio concluded, "I won't ask you any more questions. I don't want to be indiscreet." Robert smiled gratefully.

Emilio stood up and gestured to Robert to wait for him. He went over to the bar and fetched the two glasses and the bottle of white wine that their host had made ready. "*Salute*," he said, looking at Robert encouragingly as they toasted. Without further talk, the men felt a tacit understanding that connected them in this precise moment.

„Wie gefällt dir Venedig?" fragte Emilio.
„Ich weiß nicht ... gut?" antwortete Robert zögerlich
„Warum bist du hier?"
„Ich mache Urlaub."
„Nein, das meine ich nicht. Du bist nicht wegen der Stadt hier, stimmt's?"
Robert errötete ein wenig. „Nein, eigentlich wollte eine Freundin mir die Stadt zeigen..." Er stockte.
„Und nun bist Du doch alleine hier." Emilios Blick war fragend.
„Genau."
„Ich möchte nicht weiter nachfragen, es ist indiskret." sagte Emilio nach einer endlos scheinenden Pause. Robert lächelte dankbar.
Emilio stand auf und bedeutete Robert mit einer Handbewegung zu warten. Er ging zur Theke hinüber und holte die beiden Weingläser und die Flasche Weißwein, die der Wirt schon zum Servieren vorbereitet hatte.
„Salute!" sagte er als sie die Gläser zusammenstießen und blickte Robert aufmunternd an. Ohne weitere Worte wurde bei den Männern Nähe spürbar, eine Art stilles Einverständnis, welches sie in diesem Moment verband.
Erst nach einer Weile erklärte Emilio langsam:
„Weißt du, die meisten Leute kommen nach Venedig und rennen achtlos durch die Gassen, um von einer Sehenswürdigkeit zur anderen zu gelangen. Sie haben nur Augen für Souvenirs und Essen. Jedes Jahr verschwinden kleine Bacàri und stattdessen entstehen feine, teuere Lokale. Die kleinen Geschäfte werden durch Souvenir-Läden oder Boutiquen ersetzt. Es gibt kaum noch Gemüsestände, Schreiner oder Apotheken. Es ist auch nicht verwunderlich, denn in Venedig zu leben ist teuer, und wer kann, arbeitet für den Tourismus, denn die Besucher bringen Geld. Jedes Jahr kommen zehn Millionen Menschen für einen Tagesbesuch und dreieinhalb Millionen bleiben ein paar Tage oder länger. Gleichzeitig gibt es immer weniger Venezianer, die noch hier leben. Vor sechzig Jahren waren es noch 180.000 Einwohner, heute ist es nur noch ein Drittel. Mittlerweile kann man fast nur noch für den Tourismus arbeiten, aber die jungen Leute haben andere Pläne und ziehen fort. Die Wohnungen sind fast unbezahlbar und dazu auch noch feucht. Es kostet viel Geld und Mühe, sie instand zu halten. Gott sei Dank gibt es eine Universität im *Sestiere* Dorsoduro, sonst wären gar keine jungen Leute mehr

After a while, Emilio explained slowly, "You know, most people come to Venice and run blindly through the alleys to get from one famous landmark to the next. If they stop to look at anything, it's souvenirs or food. Every year, typical *bacari* like this one disappear and fancy expensive restaurants take their place, while little shops get replaced by souvenir stands or fashion boutiques. There are hardly any greengrocers, cabinetmakers or chemists left in Venice. And it's no wonder, because living here is expensive. Everyone who can works in tourism, because the tourists bring money. Every year, ten million people come for a day visit, and three and a half million stay for a few days or more. At the same time, there are fewer Venetians every year. Sixty years ago, 180,000 people lived in the city. Today there are only one third as many. The only jobs there are in tourism, but young people want to do other things, so they move away. Apartments are too expensive anyway, and they're all damp. It takes a lot of money and work to keep them up. Thank God, we have the university in Dorsoduro, otherwise there wouldn't be any young people left at all." Pensive, Emilio concluded, "There's probably no way to stop the trend, and eventually the whole city will just be one big museum."
"I'm sorry," said Robert in a contrite tone.
"No, no," Emilio laughed. "It's not your fault! I am sorry, I shouldn't complain, but sometimes it makes me sad to think about it. I love this city, you know, and I love living here."
The landlord brought two plates of soup and announced, "*Panada veneziana. Buon appetito!*" Emilio explained that it was bread soup, a Venetian speciality. It was as delicious as the *seppie al nero*, squid in its ink, that followed. They enjoyed the silence during the meal, and Emilio asked only a few general questions: how Robert had enjoyed his visit to the Doge's Palace, where he came from and how long he planned to stay. After their dinner, the landlord brought them two coffees and a plate of thin cakes: fried ribbons of dough, dusted with powdered sugar. Emilio thanked him for the treat, and explained to Robert, "These are *crostoli*. You get them only during the carnival."
Later on, as they reached Emilio's door, the artist gave Robert simple directions to get back to his hotel. He saw Robert look back briefly before he pushed open the heavy, dusty wooden door and entered the courtyard. The last sunlight dot-

hier. Die Entwicklung ist wohl nicht mehr aufzuhalten, und irgendwann wird die ganze Stadt zu einem großen Museum werden." schloß Emilio nachdenklich.
„Das wusste ich nicht." sagte Robert, mit einem schuldbewussten Unterton.
„Nein, nein!" lachte Emilio. „Du kannst nichts dafür. Entschuldige, ich wollte mich nicht beschweren, aber manchmal macht es mich traurig, wenn ich darüber nachdenke. Ich lebe gerne hier und ich liebe diese Stadt."
Der Wirt brachte zwei Teller Suppe: *„Panada veneziana – Buon appetito!"*
„Brotsuppe." übersetzte Emilio. „Eine Spezialität."
Die Suppe schmeckte ebenso köstlich wie die *Seppie al nero*, in der Tinte gegarte Tintenfische mit Polenta, die sie anschließend verspeisten.
Sie verbrachten die Zeit während des Essens hauptsächlich damit, die Ruhe zu genießen. Emilio fragte nur wenige Dinge. Etwa wie Robert der Besuch im Dogenpalast gefallen hatte, woher er kam und wie lange er noch bleiben würde. Der Wirt brachte nach dem Essen zwei Kaffee und mit Puderzucker bestäubte, fritierte Teigtaschen. *„Grazie mille!"* bedankte sich Emilio für das Geschenk des Hauses. „Das sind *Crostoli*, die gibt es nur zur Karnevalszeit."
Sie waren an Emilios Haustür angelangt, und Emilio hatte einen einfachen Rückweg beschrieben. Er sah Robert noch einmal kurz zurückblicken, bevor er die schwere, verstaubte Holztüre aufschob und im Haus verschwand, wo das letzte Sonnenlicht punktuell die Treppe in den ersten Stock beleuchtete und ihn wieder in den Alltag zurückholte. Er betrat seine Wohnung und war wieder allein.
Robert sah die letzten Sonnenstrahlen auf den Dogenpalast fallen, als er die Piazza di San Marco erreichte. Er fühlte sich irgendwie heimischer, streifte noch ein wenig über den vertraut gewordenen Platz und versuchte, angeregt durch Emilios Hinweise, Besonderheiten an den Fassaden der Gebäude aufzuspüren. Er kam an einem alten Café vorbei und blickte durch ein Fenster auf die voll besetzten Tische, hinter denen Fresken die Wände zierten. „Caffè Florian" war auf dem Schild zu lesen. Die Dämmerung kam schnell und legte mit kräftigen Windböen eine schaurige Atmosphäre über den eben noch freundlich wirkenden Platz. Die Straßenbeleuchtung wurde angeschaltet und Hunderte von Kugellampen beleuchteten nun die Innenseiten der Arkaden. Ein Blitz erhellte den Nachthimmel, unmittelbar gefolgt von einem dröhnenden Donner und in Minuten verwandelten dicke Regentropfen den Markusplatz in eine spiegelnde, menschenleere Fläche.

ted the stairs that led to the upper floor and back to Emilio's everyday life. He went inside his apartment, and was alone again.
Likewise, Robert saw the last rays of sunshine on the Doge's Palace when he came to St. Mark's Square. Feeling somehow more at home, he wandered a while around the now familiar square. Inspired by Emilio's tour, he looked for unusual details on the façades. He eventually came by the old Caffè Florian and looked through a window: all tables were occupied, frescoes adorned the walls.
Dusk fell quickly, and brought gusts of wind that laid an eerie atmosphere over the square that had looked so inviting a moment before. The street lamps came on, and hundreds of globes now lit the insides of the arcades. Lightning flickered in the sky, followed immediately by menacing thunder. When the heavens opened, St. Mark's Square rapidly became deserted.

Die theatralische Dialoge, welche von der Bühne in den grauen Himmel schallten, waren noch immer zu hören, als sie hinter dem Dogenpalast auf die Uferpromenade traten.

The actors' dialogue, trumpeted from the stage into the grey sky, was still audible as they turned to walk along the bank behind the Doge's Palace.

Mit ausladenden Dreispitz-Hüten auf dem Kopf und Masken,
welche nur die Augen verdeckten, trugen sie reich bestickte Gewänder zur Schau. Unter
den Arkaden ließ sich ein Mann das Gesicht weiß schminken.

Some were wearing tricorns and richly embroidered cloaks, others just half masks. Under
the arcades, a man was having his face painted white.

„Morgen geht es richtig los…" erklärte Emilio
und bog in eine der Gassen ab, die ganz in der Nähe von Roberts Hotel sein musste.

"Tomorrow it really gets underway," Emilio explained, and he turned down one of the alleys near Robert's hotel.

Sie bogen um einige Ecken und hin und wieder deutete Emilio auf
Kirchen und Plätze, die hinter den schmalen Spalten der Häuserschluchten nur zu erahnen waren

They made a few more turns, and Emilio pointed from time to time at churches and squares that were barely visible through narrow gaps at the ends of the alleys.

CALLE DEL
CAFETIER

SOTOPORTEGO
DEL MILION
5858

Malipiero
Fondazione
Querini
Stampalia
Museo
Biblioteca

Robert wunderte sich,
dass Emilio auf manch unspektakuläres Detail zeigte.

Robert was surprised at some of the unspectacular
details that Emilio called to his attention.

380
4890

CALLE
DEL BO

SP M 26

Antichità
Decomilionarte
348 0341069
decomilionarte@virgilio.it

PROFETA

Ca'
SAN
POLO

RAVIOLI
PANZEROTTI
TAGLIATELLE

€ 20

URLA
carp
4856
FURLA

CALLE
DEL PARADIS

OSPEDALE
SS. Giov. e Paolo
H

AEDES.DIVI.ANTONINI.TEMPLO.IAM
PRIDEM.DICATAS.ET.VETVSTATE.
COLLABENTES.PAVLVS.DE.COMITIBVS.FANI
ANTISTES.VIGILANS.ET.INDVSTRIVS.ATQ.IDEM
M.D.LXXV

SP.
D. 28

Dachrinnen wanden sich um Hausecken und um schräg angebrachte Eisenstangen, die an vielen Fassaden zu sehen waren. „Das sind Klammern, um die Häuser zusammenzuhalten." erklärte Emilio.

Emilio pointed at downspouts wrapped around the corners of houses or arching around the wrought iron anchors holding the houses together. "Those are clips to hold the houses together," he explained.

BRUSSATO

BRIDGE

Er sah Robert noch einmal
kurz zurückblicken, bevor er die schwere, verstaubte Holztüre aufschob ...

He saw Robert look back once more briefly before he pushed open the
heavy, dusty wooden door...

... und im Haus verschwand, wo das letzte Sonnenlicht
punktuell die Treppe in den ersten Stock beleuchtete und ihn wieder in den Alltag zurückholte.

... and disappeared inside, where the last sunlight dotted the stairs that led to the upper floor,
and back to his everyday life.

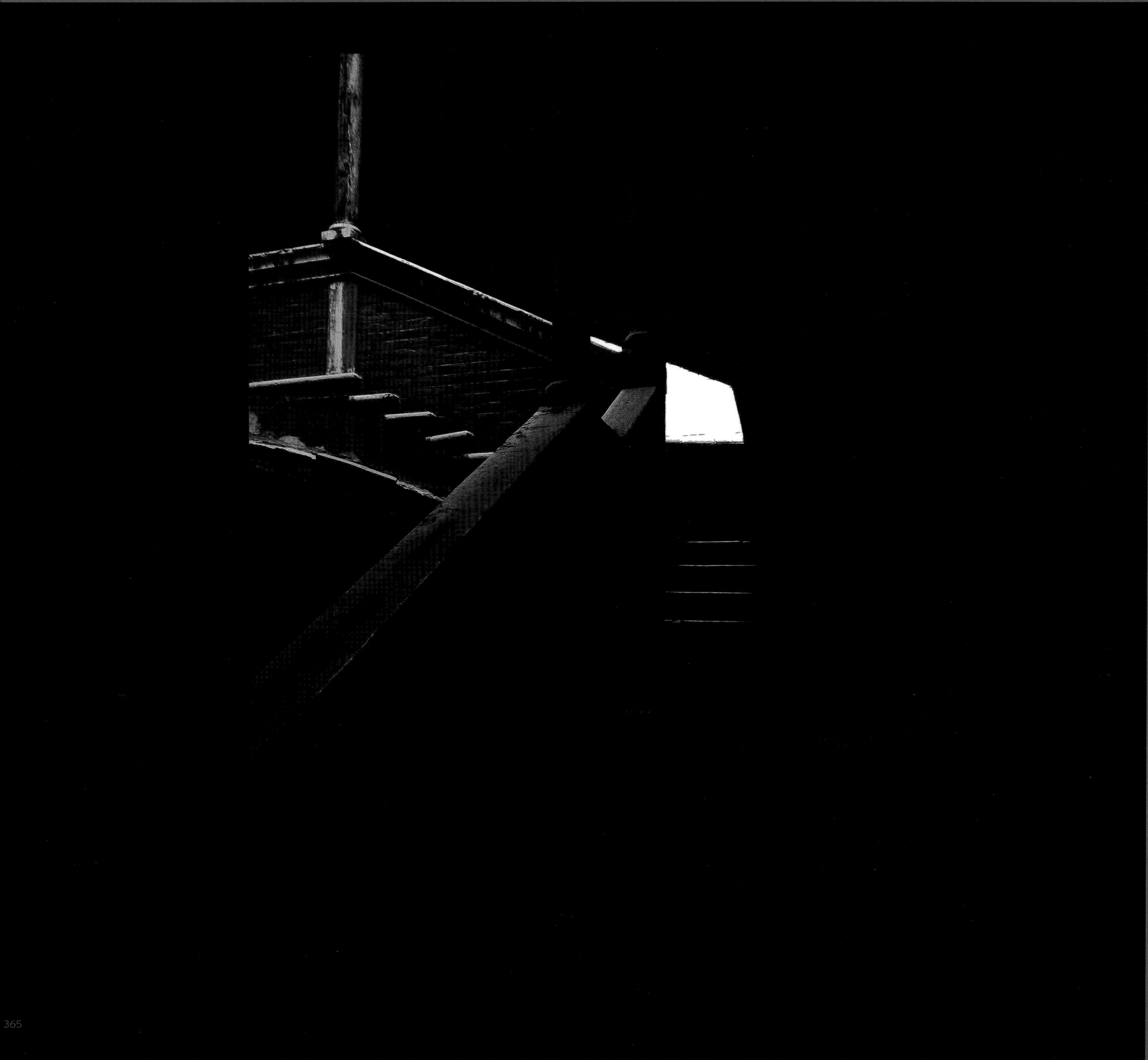

58
TEA-ROOM

Die Dämmerung kam schnell und legte
mit kräftigen Windböen eine schaurige Atmosphäre über den eben noch freundlich wirkenden Platz.

Dusk fell quickly, and brought gusts of wind that laid an eerie atmosphere over the square that had
looked so inviting a moment before.

DAS UFER

ON THE WATERFRONT

Unerwartete Begegnung

AN UNEXPECTED MEETING

Heute war der geeignete Tag, diesen Hinterhof zu malen, den Emilio schon oft auf seinem Gang zur Arbeit passiert hatte, denn weder würden ihm die Karnevalsaktivitäten an seinem Stammplatz die nötige Ruhe zum Malen geben, noch bestand eine Chance, dort eines seiner Bilder zu verkaufen. Zwar würde sich die Mehrheit der Touristen auf dem Markusplatz aufhalten, ihre Aufmerksamkeit jedoch von den Festzügen vereinnahmt werden.

Crossing a small square he had often seen on his way to work, Emilio decided that today was the ideal day to draw it. The carnival festivities at his habitual spot would leave him no peace to draw, nor any chance to sell pictures. Of course, there would be crowds of tourists as always on St. Mark's Square, but the parades and costumes would get all their attention.

Er ging im Hof kreuz und quer, den Blick dabei immer auf die auserwählte Fassade gerichtet und beobachtete dabei konzentriert, wie sich die Perspektiven änderten und sich die Konturen der Häuser neu formten. Immer weiter reduzierte er den Radius seiner Wege, bis er nur noch konzentriert einen Schritt zurücktrat, dann wieder einen nach vorne, leicht in die Hocke ging um den Blickwinkel aus Sitzhöhe beurteilen zu können und schließlich seinen Radiergummi an der bestimmten Position auf den Boden legte. Nun holte er seine Utensilien, die neben einem Blumentrog lehnten, baute an markierter Stelle seine Staffelei auf und spannte routiniert Ingres-Papier darauf.

Er begann den Ausschnitt zu bestimmen, den er malen wollte, und legte den kompositorischen Schwerpunkt auf die rechte Hälfte im oberen Drittel des Papiers. An dieser Position sollten die beiden Hauptelemente liegen: die Fenster mit den Markisen im oberen Stockwerk und die Stelle, an der die Hauskontur mit der Kirche im Hintergrund verschmolz. Er nahm einen weichen Bleistift aus der Zigarrenkiste, skizzierte in feinen Linien, aber groben Formen, die Elemente und begann Maß zu nehmen. Dabei kniff er das linke Auge zusammen, hielt den Bleistift mit ausgestrecktem Arm senkrecht nach oben und zog den Daumennagel soweit herunter, bis der sichtbare Rest des Stiftes mit der Wand des Gebäudes eine einheitliche Länge bildete. Danach drehte er den Stift zur Seite, vermaß auf die gleiche Weise die Breite des Hauses, verglich die beiden Ergebnisse und begann nun die Umrisse des Gebäudes im entsprechenden Verhältnis zu skizzieren. Um die Höhen der Stockwerke festzulegen, unterteilte er mit leichtem Strich die gezeichnete Form in ein Raster, entsprechend der erneut abgeglichenen Messergebnisse. So verfuhr er, bis nach und nach die angrenzenden Gebäude skizziert, die Positionen der Fenster und Türen bestimmt und das Hausdach mit der Apsis im Hintergrund erstellt waren. Seine Linien wurden kräftiger, je definierter

Emilio went back and forth across the square, carefully watching the changing perspectives and contours of the buildings as he changed his vantage point. The radius of his movements became shorter and shorter, until he carefully took a step back, then forward, and crouched slightly to see the perspective he would have when he sat down. Finally, he laid an eraser on the ground to mark his spot, and fetched his utensils, which he had leaned against a large flowerpot. He set up his easel at the spot he had marked, and affixed a sheet of Ingres paper to his drawing board with a professional gesture.

He selected the details he would draw, choosing the windows with awnings in the top floor and the apse of a church behind the house as a focal point for his composition, in the upper right quarter of the paper. After taking a soft pencil from a cigar box, he sketched the rough outlines of the various elements in fine lines. Afterward, he closed his left eye and held his pencil vertically at arm's length to measure the proportions, pulling his thumb down until the visible length of the pencil matched the height of the buildings. Then he turned the pencil sideways, measured the width the same way, compared the results, and he sketched the building with those proportions. He drew a grid of faint lines to determine the height and proportions of each storey, continuing until all elements appeared on the paper: the adjacent buildings with their doors and windows, the roof of the central building, the apse of the church in the background. The more definite the contours he established, the stronger his lines became. Shutters, awnings, rain gutters, lintels, gables, chimneys, the little passage, the well in the middle of the square, and the paving tiles gradually took shape. He even drew a couple who wandered in and stood for a while in the square. Then he exchanged his pencil for charcoal and began to shade in the sky, the façades and the pavement. He divided the sheet of paper with a heavy diagonal stroke, darkened the lower half,

die Konturen wurden. Es entstanden Fensterläden, Markisen, Dachrinnen, Simse, Giebel, Kamine, die kleine Passage, der Brunnen in der Hofmitte, Bodenfliesen, und auch das Paar, welches für einen kurzen Augenblick im Hof verweilte, ehe Emilio den Bleistift gegen Kohle austauschte und nach und nach die Flächen zu füllen begann. In unterschiedlich starkem Farbauftrag wandelten sich die bloßen Umrisse zu Himmel, Fassaden und Boden. Mit einem kräftigen, schrägen Strich zerteilte er das Bild und malte die untere Hälfte dunkel. Licht und Schatten entstanden, Akzente wurden betont und Schattierungen in den Flächen ergänzt. Mit weißer Kreide begann er lichte Stellen zu betonen.

Es war schon später Nachmittag, als ein Mann aus dem Schatten des Durchgangs trat. Er verharrte überrascht, als er Emilio erblickte, winkte dann und rief ein fröhliches „Hallo!". Emilio musste lächeln, und fragte sich, wie Robert ihn gefunden haben mochte, als dieser schon neben ihm stand und freudig, ohne Umschweife eröffnete: „Danke für das Essen gestern. Ich möchte mich revanchieren. Hast du Hunger?"

„Wie hast du mich gefunden?"

„Du warst nicht am Markusplatz, da bin ich den gleichen Weg gegangen, den wir gestern zusammen gingen. Ich wollte eigentlich zu deinem Haus, um Dich zu fragen... Heute ist mein letzter Tag hier."

„Ja, gerne." freute sich Emilio. „Warte nur kurz, ich male das Bild noch fertig."

Fasziniert sah Robert zu, wie Emilio geschickt Akzente betonte und das Bild immer plastischer wirkte. Emilio verwischte mit den Fingern den Kohlestaub, hielt inne und betrachtete das Bild mit etwas Abstand, korrigierte dann Ecken und Kanten, wischte abermals hier und da und konturierte Flecken in der Fassade, um sie zu betonen. Schließlich griff er in seine Tasche, holte eine Dose Haarspray heraus und überzog mit gleichmäßigen Bewegungen das ganze Bild mit farblosen Sprühnebel.

„Was machst du?" brach Robert neugierig sein Schweigen.

„Es fixiert die Kohle", antwortete Emilio, wischte mit dem einzigen sauberen Finger seiner linken Hand über das Bild und zeigte Robert die Fingerkuppe. „Siehst du?" Der Finger war sauber geblieben. „Fertig!" strahlte Emilio.

„Sehr schön... wirklich." sagte Robert.

Emilio packte zufrieden seine Sachen zusammen, klappte den Block mit der abgerissenen Ecke – auf die er einst für Robert Antonios Gondelstandplatz notiert hatte – zu und sagte: „*Andiamo*, gehen wir!"

An einer Abzweigung verharrte er für einen Moment: „Ich muss dir noch etwas

rendered light and shadows, and underscored various details. Finally, he highlighted bright spots in white chalk.

It was late afternoon when a man stepped out of the passageway, stopped in surprise when he saw Emilio, waved and called out cheerfully: it was Robert. Emilio had to laugh, wondering how he could have found him. Walking up to the artist, Robert spoke without hesitation: "Thank you for dinner yesterday! I'd like to reciprocate. Are you hungry?"

"How did you find me?"

"When you weren't at St. Mark's Square, I went the way you led me yesterday. I was going to go to your house. Today is my last day here... I would like to invite you..."

"Yes, with pleasure," Emilio accepted. "But wait a few minutes while I finish this picture."

Robert watched in fascination as Emilio highlighted various details, making the drawing ever more lifelike. Emilio looked at the drawing from a distance, touched up lines, rubbed the charcoal with his fingers here and there, and accented spots on the façade. Finally, he reached into his bag and pulled out a can of hair spray, and with smooth, regular movements he coated the drawing with the colourless mist. Robert broke his silence. "What are you doing?"

"This fixes the charcoal," Emilio answered. He touched the picture with the one clean finger of his left hand and showed Robert his fingertip. "See!" The finger was still clean.

"So, finished," Emilio smiled.

"Very nice... really," said Robert.

Emilio contentedly packed his things, putting away the drawing pad from which he had torn a scrap of paper the day before, then shouldered his bag and said, "*Andiamo!* Let's go!"

He stopped at the first corner, however, and said, "I have to show you something." Robert nodded, and Emilio turned down the side street and crossed the Campo de l'Anzolo Rafael. "It's right here. An underground canal. The only one in Venice. Look, here it is..." Emilio suddenly stopped again.

"Francesca!" he gasped. "Francesca?" Emilio gulped. He was suddenly pale, his face grim. "Wait here," he said, pressing his things into Robert's hands, without moving his eyes from the girl. Quickly but carefully, Emilio approached Francesca who was cowering in a corner of the square, her knees pulled up and her arms crossed over them, her face down.

zeigen." Robert nickte, und Emilio bog in die Straße ein und überquerte den Campo de l'Anzolo Rafael. „Es ist gleich hier. Ein Untergrundkanal. Eine Besonderheit der Stadt. Schau hier ist...." Emilio blieb abrupt stehen.
„Francesca!" stieß er heiser flüsternd hervor und schluckte. „Francesca? ..." Emilio war schlagartig bleich, sein Blick ernst geworden. „Warte hier!" sagte er und drückte Robert seine Sachen in die Hand, ohne das Mädchen aus den Augen zu lassen.
Zügig aber vorsichtig näherte sich Emilio dem Mädchen, das in der Ecke des Platzes an einer Wand hockte, ihre Arme auf den angewinkelten Knien verschränkt, und ihr Gesicht darin vergraben. Robert sah, wie Emilio sich neben dem Mädchen niederkniete und vorsichtig seine Hand auf ihre Schulter legte. Das Mädchen blickte auf. Ihr Gesicht war von Tränen überströmt, ihre Augen rot und geschwollen, die Haare zerzaust. Sie war vielleicht 14 oder 15 Jahre alt. Als sie Emilio erkannte, fiel sie ihm schluchzend um den Hals. Er erwiderte ihre Umarmung und klopfte ihr beruhigend auf den Rücken.
So verharrten sie lange bis, sie sich ansahen und begannen miteinander zu sprechen. Sie nickte manchmal und schüttelte dann wieder den Kopf. Immer wieder nahm Emilio sie tröstend in die Arme, bevor er ihr aufstehen half, und sie dabei fest im Arm hielt. Langsam kamen sie so auf den erstarrten Robert zu. Emilio gab ihm mit einem Kopfnicken zu verstehen, dass es keinen Grund zur Besorgnis gäbe. Sein Nicken bedeutete außerdem, dass er ihnen folgen sollte. Und so schlich er den beiden in dezentem Abstand hinterher, bis kurz vor Emilios Wohnung. Hier, in der dunklen Passage, blieb das Mädchen plötzlich stehen, und hielt Emilio an der Hand zurück, der daraufhin vor ihr in die Hocke ging und ihre beiden Hände hielt. Er sah sie an und sprach in ruhigem Tonfall. Er schien, sie beruhigen und ihr Mut machen zu wollen. Mit einem Taschentuch, das er aus seiner Manteltasche zog, wischte er ihre Tränen vom Gesicht, strich ihr zärtlich über das wirre Haar, in dem Bemühen, es ein wenig glatter zu bekommen.
„*Andiamo*!" forderte er sie mit zuversichtlichem Blick auf, stand auf und streckte ihr seine Hand entgegen. Das Mädchen ergriff sie zögerlich und folgte ihm zur Eingangstüre des Hauses, in dem sie beide wohnten. Er drückte die Türe auf und winkte Robert zu folgen. Gerade als er den Fuß auf die erste Stufe der breiten Treppe setzte, flog im ersten Stock die Türe auf und eine Frau kam kreischend die Treppe herunter gestolpert:
„Francesca, Francesca!" rief die Frau, stürzte sich auf das Mädchen, umklammerte sie und küsste wild ihr Gesicht. Sie hielt kurz inne, sah sie an und drückte sie

Robert saw Emilio kneel down beside the girl and carefully lay his hand on her shoulder. She looked up. Her face was tear-streaked, her eyes red and swollen, her hair tangled. She might have been fourteen or fifteen years old. When she recognized Emilio, she threw her arms around him and sobbed. He held her in his arms and patted her back comfortingly.
They stayed that way for a long time before they looked at one another and began to speak. The girl nodded frequently, and sometimes shook her head. Emilio took her in his arms again and again. Finally, he helped her to her feet, holding her arm. Slowly they came toward Robert, who hadn't moved. Emilio nodded to indicate that there was nothing to worry about. With another nod, he signalled for Robert to follow them. And so Robert tagged along at a discreet distance behind them. In a dark passage around the corner from her home, the girl suddenly stopped and held Emilio back. He crouched down beside her, held both of her hands in his, looked at her and spoke in a soothing, encouraging tone. Finally, he took a handkerchief from his pocket, wiped the tears from her face, and stroked her hair in an effort to smooth it somewhat.
"*Andiamo*," he encouraged her with a hopeful look. He stood up and offered her his hand. The girl took it hesitantly and followed him to the front door of the house where they both lived. Emilio pushed open the door and waved to Robert to follow them. As they entered the courtyard, a door flew open on the landing and a woman came hurrying down the wide stairs, crying "Francesca, Francesca!" The mother seized her daughter and pressed her to her breast, kissing her face wildly. She stopped and looked at the girl, then hugged her again tightly.
In the meantime, a man in an undershirt came down the stairs after the mother. The girl froze when she saw him. "Francesca," the man shouted angrily. Unshaven, with deep rings under his eyes, the man drew back his hand as if to give the girl a powerful slap. But he stopped, and instead bit the back of his hand. Tears came to his eyes. "Francesca," he cried again, this time softer, hoarsely. He bent down and put his muscular arms around the mother and daughter. "Francesca... Francesca!" he blubbered through his tears, kissing the girl on the cheeks. The parents began to deluge the girl with questions, without waiting for answers, while they hugged her repeatedly.
Emilio took Robert by the arm and drew him back. The father noticed them and called, "*Emilio! Emilio, sei un angelo!*" He threw himself at Emilio, hugged him, and kissed him on both cheeks, before seizing Robert, who was too startled to resist, and kissing him on both cheeks too. Afterward, the father ran outside and

dann fest und innig an sich. Mittlerweile war auch ein Mann in Unterhemd die Treppe herunter geeilt. Das Mädchen sah verschreckt auf, als sie ihn erblickte. „Francesca!" rief der unrasierte Mann mit den tiefen Augenringen zornig und holte aus, um dem Mädchen eine kräftige Ohrfeige zu verpassen, doch dann hielt er inne, biss sich in den Handrücken und Tränen sprangen aus seinen Augen. „Francesca!" rief er abermals, leiser und mit heiserer Stimme. Er bückte sich und umarmte Mutter und Tochter mit seinen starken Armen. „Francesca! ... Francesca!" brachte er unter Tränen hervor und küsste das Mädchen auf die Wangen. Die Eltern begannen das Mädchen mit Fragen zu überhäufen, ohne jedoch die Antworten abzuwarten und sie wieder und wieder zu drücken.

Emilio nahm Robert am Arm und zog ihn zurück. Doch da fiel der Blick des Vaters auf Emilio:

„*Emilio! Emilio, sei un angelo!*" Er stürzte auf Emilio zu und drückte ihn, küsste ihn links und rechts auf die Wangen, und sprang dann auf den verdutzten Robert zu, der immer noch Emilios Staffelei und Tasche trug, umarmte und küsste ihn ebenfalls links und rechts auf die Wangen. Dann rannte er vor die Türe und schrie auf die Straße hinaus: „*Francesca è tornata! Francesca è tornata!*"

Leute kamen neugierig aus ihren Häusern gelaufen. Sie umarmten und küssten Francesca, umarmten Vater, Mutter, Emilio und Robert.

Erst als die Mutter mit Francesca nach oben verschwunden war und die überschwängliche Freude in der Gasse vor dem Haus in eine ausgelassene Stimmung überging, und Robert und Emilio dem Trubel entschwanden, fand Emilio einen Augenblick zu erklären, was geschehen war:

„Francesca wurde seit zwei Wochen vermisst. Sie hat mir gesagt, sie habe sich in einen amerikanischen Touristen verliebt. Er war wohl einige Jahre älter als sie und sie planten gemeinsam durchzubrennen. Aber er ist alleine nach Hause geflogen. Gott sei Dank!", sagte Emilio, faltete die Hände wie zum Gebet und richtete den Blick zum Himmel. Emilios Augen waren rot und mit Freudentränen gefüllt.

„Danke, Robert!" sagte er dann und drückte Robert kurz und fest an sich. „Danke!"

„Wofür?"

„Danke." wiederhohlte er nur und drückte ihn noch einmal.

called to the whole street, "*Francesca è tornata! Francesca è tornata!*" Curious neighbours came running out of their houses. They hugged and kissed Francesca, hugged her father and mother, Emilio and Robert.

Finally, Francesca and her parents disappeared upstairs and the ebullient joy in the alley subsided into happy neighbourhood gossip, so that the two friends could slip away from the excitement and Emilio could explain to Robert what had happened. "Francesca was missing for two weeks. She told me she fell in love with an American tourist. He seems to have been a few years older than her. They planned to run away together, but he flew home without her. Thank God!" Emilio folded his hands as if in prayer and turned his eyes toward heaven. Emilio's eyes were red and brimming with tears of joy.

"Thank you, Robert," he said, and hugged Robert briefly. "Thank you!"

"For what?"

"Thank you," he repeated, embracing him again.

Roberts Abreise

Auf seinem Weg zum Wassertaxi am folgenden Tag, sah Robert auf das im zarten Dunst liegende Giudecca hinüber, betrachtete die leeren Gondeln, die am Ufer festgemacht waren, und beobachtete Gondoliere, die sich die Wartezeit auf Kundschaft mit Kartenspielen und Klatsch vertrieben. Ob sie wohl über Francescas Rückkehr sprachen?

Mit gemischten Gefühlen sah er starr aus den niedrigen Fenstern des Wassertaxis, das ihn zum Flughafen brachte. Ein Fährschiff zeichnete eine dunkle Silhouette in den goldenen Abendhimmel. Der im kupferfarbenen Dunst liegende Dogenpalast und der Campanile glitten vorbei und riefen die Ereignisse der letzten Tage in Erinnerung. Er grübelte über Francesca, die ihr Leben schon mit vierzehn Jahren selbst bestimmen wollte. Gedanken an Sarah mischten sich unter seine Eindrücke und ließen es nicht zu, den Gedankenwust in seinem Kopf zu ordnen.

Als ob das Taxi Robert seiner Welt entreißen wollte, heulte der Motor plötzlich auf und das Boot beschleunigte seine Fahrt in Richtung Alltag. Wasser peitschte an den Flanken des Bootsrumpfes in den Himmel und Venedig verschwand zusehends in der V-förmigen Welle hinter dem Heck. Dann senkte Robert den Blick und sah auf das Bild, welches zwischen seinen Beinen klemmte – das in Kohle und Kreide gefertigte, schwarz-weiße Abbild des venezianischen Hinterhofes, den er für immer in Erinnerung behalten würde. In diesem Moment klingelte sein Mobiltelefon. Es war Sarah.

Emilio sah über den Dächern ein Flugzeug in den Abendhimmel aufsteigen. Dann wandte er sich wieder seinem neusten Werk zu, das schon die Umrisse des gewählten Motivs zeigte. Doch bevor er die gelbe Kreide ansetzte, um damit die Fassadenfläche zu tönen, zögerte er und tauschte sie schließlich gegen seinen gewohnten, tiefschwarzen Kohlestift aus.

Robert's Departure

On his way to the water taxi the next day, Robert looked across the water to La Giudecca, veiled in mist. He saw empty gondolas tied up at the quay, and watched the gondoliers killing the time between fares with card games and gossip. He wondered whether they were talking about Francesca's return.

Sitting in the water taxi on his way to the airport, behind a window just above the water level, he looked outside with mixed feelings. A ferry cut a dark silhouette in the golden evening sky. The Doge's Palace and the Campanile glided by in the copper-coloured mist, recalling the events of the past few days. Robert was brooding about Francesca, who had wanted to make her own decisions at fourteen. Memories of Sarah mixed in his mind with the scenery, so that he was unable to think clearly.

As if to tear Robert out of his thoughts, the taxi suddenly accelerated with a powerful roar, heading toward everyday life. Water whipped up from the sides of the boat, and Venice vanished in the V-shaped wake astern. Robert lowered his gaze and saw the picture on his knees: Emilio's charcoal and chalk drawing of the small square, a picture of a day in Venice that he would keep in his memory forever. At that moment, his mobile rang. It was Sarah.

Later on, Emilio saw an aeroplane rising in the evening sky. A yellow chalk in his hand, he turned back to his latest work, which already showed the outlines of the chosen subject. He was about to start colouring, but stopped, and exchanged the yellow chalk for his familiar charcoal.

Mit einem kräftigen, schrägen Strich zerteilte er das Bild und malte die untere Hälfte dunkel. Licht und Schatten entstanden, Akzente wurden betont und Schattierungen in den Flächen ergänzt. Mit weißer Kreide begann er lichte Stellen zu betonen.

With a heavy diagonal stroke, Emilio divided the picture in two, and darkened the lower half. Light and shadow appeared, accents brightened, and surfaces became nuanced. He began to highlight bright points with white chalk.

SOTOPORTEGO
S. ROCCO

DANIELI
S.Zaccaria
S.Zaccaria
S.Zaccaria
S.Zaccaria
S.Zaccaria
S.Zaccaria

Auf seinem Weg zum Wassertaxi

am folgenden Tag, sah Robert auf das im zarten Dunst liegende Giudecca hinüber.

On his way to the water taxi the next day, Robert looked across the channel to Giudecca, lying in the delicate mist.

SAN NICOLO'

Ein Fährschiff zeichnete eine dunkle Silhouette in den goldenen Abendhimmel.
Der im kupferfarbenen Dunst liegende Dogenpalast und der Campanile glitten vorbei und riefen die Ereignisse der letzten Tage in Erinnerung.

A ferry cut a dark silhouette in the golden evening sky.
The Doge's Palace and the Campanile, veiled in copper-coloured mist, glided by, recalling the events of the past few days.

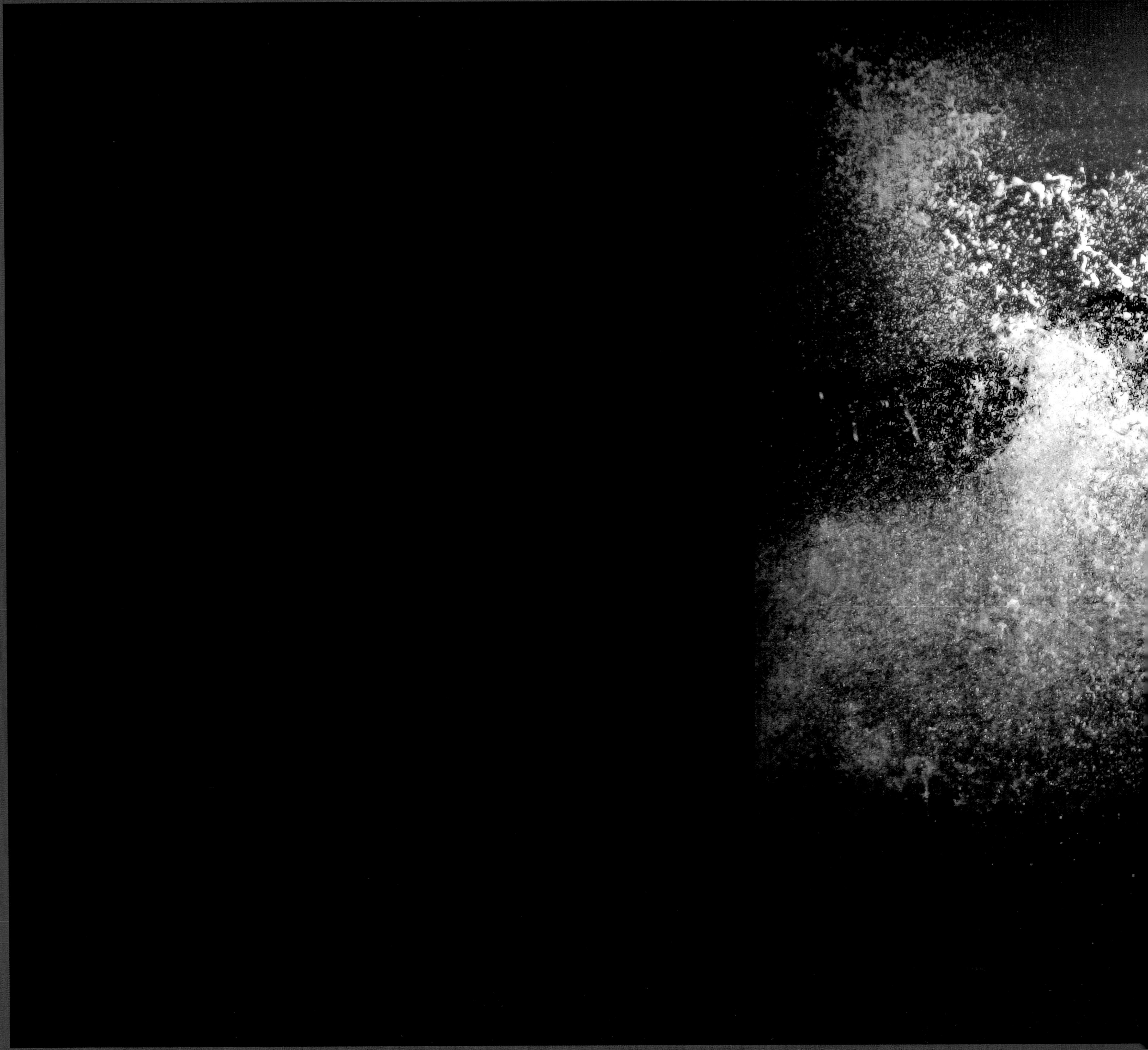

ENDE

THE END

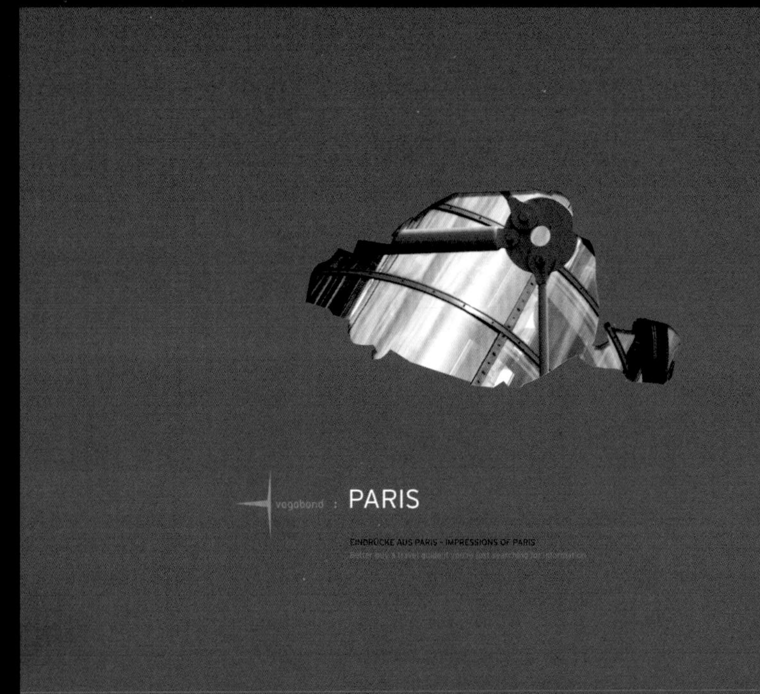

(D)(GB) Barcelona (deutsch | english)
ISBN: 978-3-943254-00-6

(ES)(F) Barcelona - Barcelone (español | français)
ISBN: 978-3-943254-01-3

(D)(GB) Paris (deutsch | english)
ISBN: 978-3-943254-04-4

(ES)(F) París - Paris (español | français)
ISBN: 978-3-943254-05-1

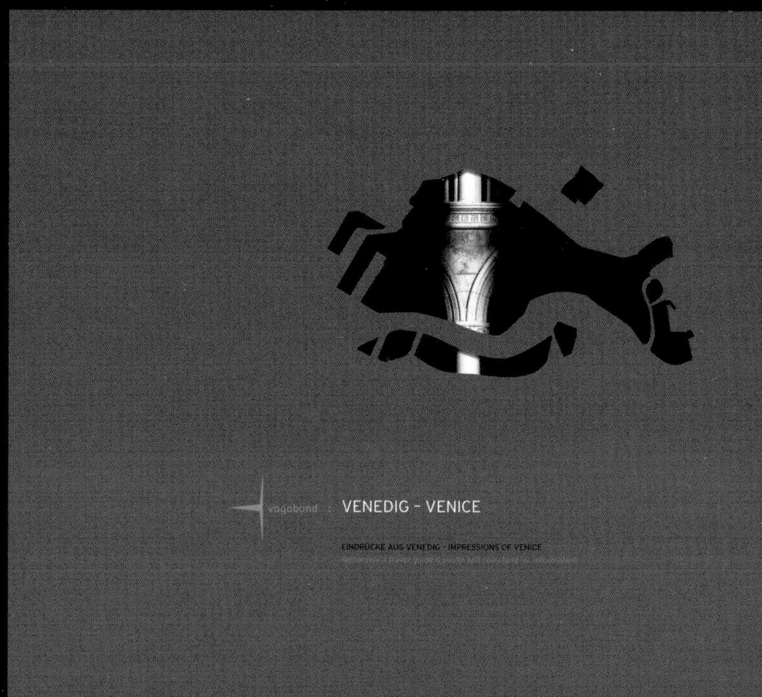

Ⓓ Ⓖⓑ Venedig – Venice (deutsch | english)
ISBN: 978-3-943254-02-0

ⒺⓈ Ⓕ Venecia – Venise (español | français)
ISBN: 978-3-943254-03-7

Jährlich werden bis zu vier neue Bände in der vagabond books Städte-Reihe erscheinen.
Sortiment und Neuerscheinungen:
www.vagabond-books.com

Every year vagabond books is to publish up to four new books in the City series.
Range of products and new releases:
www.vagabond-books.com

Ein Buch aus dem vagabond books Verlag | www.vagabond-books.com

Fotografie, Text und Gestaltung: Bernd Rücker | Englische Version: ÜMS Berlin (Tony Crawford, Marcel Saché)

Druckvorstufe: Marco Slowik | Druck: Shenzhen Jinhaoyi Color Printing Co., Ltd, Shenzhen, China

Published by Vagabond Books | www.vagabond-books.com

Photographs, copy and design: Bernd Rücker | English version: ÜMS Berlin (Tony Crawford, Marcel Saché)

Prepress: Marco Slowik | Printed by: Shenzhen Jinhaoyi Color Printing Co., Ltd, Shenzhen, China

ISBN: 978-3-943254-02-0